« Proximités – Didactique »

*Collection dirigée par
Deborah Meunier et Geneviève Géron*

Adressez les commandes à votre libraire
ou directement à

Éditions L'Harmattan

5,7 rue de l'École Polytechnique
F - 75005 Paris
Tél : 00[33]1.40 46 79 20
Fax : 00[33]1.43 25 82 03
commande@harmattan.fr
http://www.editions-harmattan.fr

ISBN : 978-2-8066-3789-5   D/2023/9202/2

© **EME Éditions**
10 rue du Poirier
B-1348 Louvain-la-Neuve

Tous droits réservés. Reproduction interdite sauf autorisation expresse.

www.eme-editions.be

Jean-Marc Defays

Défense et illustration de la syntaxe

Principes, concepts et procédés
de l'analyse de la phrase

pour comprendre, maitriser,
enseigner le fonctionnement
de la langue française

Du même auteur

Le FLE en questions (dir.), avec J.-C. Beacco, F. Chnane-Davin, J.-P. Cuq, J.-M. Klinkenberg, Bruxelles, Mardaga, 2020.

Dico-tomies. Digressions linguistiques et autres extrapolations, Sprimont, Murmure des soirs, 2020.

Enseigner le français langue étrangère et seconde. Approche humaniste de la didactique des langues et des cultures, Bruxelles, Mardaga, 2018.

Singularité et pluralité des langues, des groupes et des individus. Babel et Frankenstein, avec la collaboration de D. Meunier, Paris, L'Harmattan, 2016.

Vingt ans de FLE. Faits et gestes de la didactique du français langue étrangère et seconde de 1995 à 2015 (3 tomes : « Pratiques », « Contextualisation », « Transversalités »), coédition avec S. Hammami, M. Maréchal, D. Meunier, F. Saenen, A. Thonard, L. Wéry, Louvain-la-Neuve, EME, 2015.

CHAPITRE UN

Introduction

1.1. L'âge d'or de l'analyse syntaxique

Il était une époque où l'analyse syntaxique, au même titre que la dictée et la conjugaison, était une discipline privilégiée à l'école primaire dans le cadre de l'apprentissage de la langue maternelle. Dès les premières années, l'instituteur écrivait à la craie des phrases de plus en plus compliquées au tableau noir, et, en interrogeant les élèves, y soulignait ou encerclait chacun des constituants de couleurs différentes – le sujet en jaune, le verbe en rouge, les compléments d'objet en vert, circonstanciels en bleu, etc. – et y ajoutait une série de flèches dans tous les sens pour montrer quels mots se rapportaient à d'autres. La phrase se transformait ainsi en cortège de carnaval au fur et à mesure de l'analyse, y compris les serpentins. À moins que l'instituteur ne préfère comparer la phrase à un train à vapeur, le conducteur (le sujet) et la chaudière (le verbe) composant la locomotive qui tracte des wagons dans un ordre précis (les compléments), avec entre eux les indispensables liens pour les unir (prépositions, conjonctions), jusqu'au point final comme lanterne rouge. D'autres enseignants, plus créatifs, s'ingéniaient à dessiner une pyramide, le verbe au sommet et les déterminatifs à la base, ou encore un système solaire avec le verbe au centre, le sujet et les compléments en guise de planètes dans son orbite, qui eux-mêmes pouvaient compter des satellites (les adjectifs, déterminatifs...). Dans tous les cas, les élèves finissaient par assimiler qu'une phrase – délimitée entre sa majuscule et son point – constituait une structure scrupuleusement organisée où chacun des mots avait une identité bien spécifique et un rôle qui ne l'était pas moins.

Les programmes de français des premières années des études secondaires (les *humanités*) comportaient encore de l'analyse syntaxique, sous forme de rappel puisque les élèves devaient normalement y être rompus. On l'appliquait aussi à des extraits d'auteurs étudiés pour leurs qualités littéraires mais aussi comme modèles de rigueur syntaxique. Maurice Grevisse citait les mêmes écrivains en exemples dans son renommé *Bon Usage*. Mais c'est surtout l'étude des langues mortes, le latin, le grec ancien, qui représentait le meilleur débouché pour l'analyse syntaxique. Confrontés à une langue flexionnelle, les élèves devaient identifier les natures, fonctions, valeurs des mots pour pouvoir traduire le texte dans l'un ou l'autre sens, phrase après phrase, et avoir la satisfaction d'en comprendre ou d'en transmettre le sens précis. L'analyse théorique trouvait donc sa justification pratique dans les thèmes et les versions qui renforçaient la compréhension des principes de la syntaxe dans les deux langues, partant l'esprit logique de ces élèves. Même sans qu'elles ne soient flexionnelles, *a fortiori* si elles l'étaient comme l'allemand, les langues modernes, qu'on enseignait également selon une perspective philologique, avec force explications grammaticales et traductions bilingues, contribuaient aussi à la maitrise syntaxique de la langue maternelle toujours convoquée dans des comparaisons systématiques.

Ces élèves et étudiants entrainés depuis leur plus jeune âge à l'analyse linguistique terminaient leurs études avec une connaissance claire et précise de la construction de la phrase comme du discours, non seulement sur le plan formel (reconnaissance des unités et des structures), mais également dans sa mise en œuvre lors de la rédaction, notamment des dissertations aussi fréquentes qu'exigeantes à l'époque. Ces jeunes gens savaient également que la langue est non seulement un instrument puissant et subtil dont ils avaient intérêt à maitriser tous les rouages et les ressources, mais aussi un monde en soi, cohérent, minutieux, harmonieux, dont l'analyse profitait à leur intelligence, à leur sensibilité, à leur culture, et éventuellement à leur plaisir.

1.2. Les causes et les effets du déclin

Vers les années 1980, la syntaxe a de moins en moins été pratiquée dans les écoles, et les élèves et étudiants ont alors perdu l'habitude d'analyser les mots et les phrases. Plusieurs raisons peuvent être invoquées. Si les contenus linguistiques et littéraires des cours de français ont changé, ce sont surtout les méthodes qui se sont transformées de manière radicale. Après une pédagogie des connaissances, plutôt théorique et déductive, jugée aussi peu fructueuse que peu stimulante, on a alors préféré développer les compétences des apprenants, les savoir-faire qu'ils peuvent aussitôt mettre à profit dans leur vie quotidienne, ensuite dans leur carrière professionnelle. Aussi, concernant la langue, a-t-on encouragé et exercé les enfants à communiquer à différentes fins et dans différents contextes, en remettant à plus tard l'examen – inductif, alors – des moyens linguistiques auxquels ils recourent pour y parvenir. L'explication était donc jugée secondaire, voire subsidiaire par rapport à la pratique spontanée, créative et efficace de la langue. On a même considéré que trop d'intérêt accordé aux règles risquait d'inhiber l'expression. En fait, on est passé d'un excès à l'autre, alors que dans les faits *compétences* et *connaissances* ne s'opposent pas, mais se complètent au contraire et se renforcent mutuellement au cours de tout apprentissage. Malheureusement, plus on tarde à inculquer aux enfants le recul nécessaire pour analyser le fonctionnement de la langue qu'ils maitrisent inconsciemment, moins ils en éprouvent la nécessité et moins ils en développent l'aptitude.

Par ailleurs, pour des raisons semblables, le latin et *a fortiori* le grec ancien ont de moins en moins été enseignés, et de manière de moins en moins approfondie, généralement à titre de cours optionnel à caractère civilisationnel. À moins d'apprendre l'allemand, les jeunes étudiants n'ont donc plus eu l'occasion de devoir choisir entre un accusatif, un génitif, un datif ou un ablatif pour traduire une phrase, ni conséquemment de vérifier par les faits leur bonne maitrise de la syntaxe. Le déclin des langues mortes a donc porté préjudice à la conscience et aux connaissances linguistiques en général. En outre, les méthodes audiovisuelles, puis communicatives, ont au même moment envahi l'enseignement des langues étrangères vivantes où les explications de grammaire, comme la traduction et les comparaisons entre langues, étaient proscrites car on les estimait contreproductives. C'est seulement en communiquant, d'une manière ou d'une autre, prétendait-on, qu'on apprend finalement la langue. Au nom de l'assimilation la plus naturelle et complète possible, le principe était de placer l'apprenant allophone, quel que soit son âge, dans la situation d'un bébé qui découvre sa langue maternelle. On comprend que dans ces conditions pédagogiques où l'on ne reconnait aucune vertu à la réflexion théorique, des générations de locuteurs n'ont guère eu l'opportunité, à moins de s'y intéresser personnellement, de se poser des questions, que ce soit en langue maternelle ou en langue étrangère, sur la nature et la fonction des mots qu'ils utilisaient.

La défaveur de l'analyse syntaxique a aussi été provoquée par la soudaine multiplication des théories linguistiques et la diversification des terminologies. Avec l'avènement du structuralisme dans les années 1960-1970, qui a aussitôt eu du succès dans de nombreuses autres disciplines, la linguistique est devenue la science humaine à la mode. À l'affut de toutes les nouveautés, les pédagogues de l'époque ont voulu suivre de près les dernières théories, à tel point que certains scientifiques ont dû les enjoindre à un peu plus de patience et de circonspection avant d'enseigner ce qui venait d'être publié dans les revues spécialisées et qui attendait d'être confirmé par d'autres recherches. Il n'empêche qu'on a vu se propager, se télescoper, se contredire dans les manuels scolaires – qui s'étaient montrés assez prudents et unanimes jusque-là – les explications et les terminologies les plus variées. En fonction des préférences de l'inspecteur concerné, on décomposait les phrases différemment selon les écoles et on y appelait autrement un article ou un complément. De quoi dérouter les élèves, souvent les enseignants eux-mêmes, et rendre l'analyse syntaxique problématique, voire hasardeuse. En revanche, le schéma de la communication de Jakobson, dont l'intérêt pour les élèves reste discutable, faisait florès dans les mêmes manuels et sur les mêmes tableaux noirs, au grand plaisir des pédagogues-linguistes convaincus d'être à la pointe du progrès. Un enfant de dix ans apprenait ce qu'est la fonction phatique mais pas la fonction attribut.

Pour les jeunes gens issus de cette génération qui ont pratiqué peu de grammaire ou de traduction, la langue est surtout conçue comme un flux de paroles, de mots comme d'idées, à l'image de l'oral que les méthodes communicatives ont privilégié, sans trop percevoir la structure hiérarchique sur laquelle reposent la succession et la combinaison des unités syntaxiques. Non pas qu'ils utilisent mal la langue – la correction est un épiphénomène peu significatif sur le plan linguistique –, mais ils s'en servent sans prendre toujours conscience de son fonctionnement, ce qui peut en limiter à terme la maitrise.

1.3. Les enjeux de l'analyse syntaxique

Faut-il souligner les préjudices que peuvent représenter autant pour un individu que pour une communauté, l'inaptitude à décrire et à communiquer la complexité, la subtilité, la relativité des choses et des idées, conséquemment à les percevoir et à les concevoir. Car la citation de Boileau « Ce qui se conçoit bien s'énonce clairement » vaut dans les deux sens. Il faut craindre que cette inaptitude soit d'autant plus compromettante que nous entrons dans une société où les capacités cognitives vont être de plus en plus sollicitées. Comme l'intelligence artificielle, toujours plus performante et accessible, est en train d'envahir toutes les sphères d'activités, y compris langagières (communication, rédaction, traduction...), l'intelligence humaine, qui repose largement sur le langage, va être soumise à rude épreuve pour comprendre, utiliser, contrôler les ordinateurs et autres robots, et pour s'en distinguer. Sans parler des enjeux politiques : les langues possèdent un pouvoir analytique, critique et argumentatif indispensable à la démocratie... quand elles peuvent être maniées avec finesse, logique et efficacité. Ne pas encourager à dépasser le stade de leur usage élémentaire reviendrait à terme à limiter la capacité de penser librement.

Sont peu contestables les bénéfices des connaissances linguistiques sur la pratique d'une langue première, que l'on parle déjà, ou seconde, que l'on apprend à parler. Beaucoup d'allophones sont devenus d'excellents bilingues en commençant par étudier, et en continuant à s'y référer, la grammaire de la langue qu'ils ont fini par parler avec habileté et aisance. Cette grammaire est tout autant la base d'une meilleure maitrise de la langue maternelle, surtout écrite, grâce au recul autoréflexif (métalinguistique) qu'elle provoque chez le locuteur, grâce à la précision et à la complexité des mécanismes linguistiques dont elle permet de prendre conscience, grâce à la variété des modèles d'expression qu'elle propose, grâce à la rigueur et à la créativité qu'elle inspire à la fois. Par ailleurs, de solides connaissances métalinguistiques de la langue maternelle, en plus de servir à sa bonne pratique, constituent une fondation fiable et un stimulant moteur à l'apprentissage d'autres langues. On connait les dommages possibles pour la langue maternelle causés par l'apprentissage de langues étrangères dans de mauvaises conditions (phénomène appelé *plurilinguisme soustractif*).

Les objectifs de cet ouvrage sont donc multiples. Sa perspective principale est *métalinguistique* : il aidera à mieux comprendre le fonctionnement syntaxique de la langue française, ses principes, ses unités, ses structures, ses complexités, mais surtout ses ressources. Comme on vient de le dire, ce savoir métalinguistique ne peut que renforcer, approfondir, diversifier, affiner les compétences *linguistiques*, la maitrise pratique de la parole et de la rédaction. Chemin faisant, l'ouvrage permettra de développer un *savoir-faire critique et scientifique*, c'est-à-dire de mieux comprendre, évaluer, sélectionner, appliquer les descriptions et les explications que les différentes grammaires proposent de la langue française. L'ouvrage pourra également contribuer à un *savoir-faire pédagogique* car il rendra capable de mieux enseigner la langue française à des élèves, à des étudiants ou à d'autres apprenants en français langue maternelle ou étrangère, et de mieux leur exposer son fonctionnement, de les aider à surmonter ses difficultés, à profiter de ses ressources. Mais le premier comme le dernier objectif de cet ouvrage sont de rendre la lectrice et le lecteur curieux du fonctionnement minutieux, complexe, varié de la langue française. Cet intérêt personnel est en effet la principale source de motivation et la garantie de succès de tout apprentissage et de tout progrès.

CHAPITRE DEUX

Les grammaires

2.1. Compétences linguistiques et connaissances métalinguistiques

C'est une évidence qu'il n'est pas nécessaire d'être linguiste, ni même d'avoir étudié la grammaire pour parler sa langue maternelle et pour en apprendre d'autres par la suite. De nombreux analphabètes dans le monde sont d'étonnants polyglottes alors que beaucoup d'étudiants ne parviennent pas à utiliser une langue étrangère qu'ils ont pourtant apprise longuement et assidument à l'école. Pour comprendre ce paradoxe, il faut partir du fait – démontré par la linguistique cognitive et la neurolinguistique – qu'il s'agit de deux types d'aptitudes différentes : d'une part, la compétence – *linguistique* – de pouvoir apprendre et pratiquer une langue et, d'autre part, la connaissance – dite *métalinguistique* – de son fonctionnement théorique. On peut communiquer dans une langue sans pouvoir l'expliquer (parce qu'on la parle sans y réfléchir) ; on peut expliquer une langue sans pouvoir la parler (parce qu'on l'a étudiée de manière livresque). L'explication engendre des *savoirs déclaratifs*, pas toujours faciles à appliquer, tandis que la pratique entraine des *savoir-faire procéduraux*, pas toujours explicables. D'un côté, on s'instruit pour savoir ; de l'autre, on s'exerce pour agir. Pour prendre un autre exemple, ce n'est pas parce que l'on connait le principe du moteur à explosion qu'on peut forcément conduire une voiture, et inversement. Il n'empêche qu'un bon pilote devrait bien connaitre le fonctionnement d'un moteur pour tirer le meilleur parti de son véhicule. Reste à connaitre le Code de la route – le troisième savoir, dit *conditionnel* – qui dépend du contexte et de contraintes sociales à respecter, et dont relève par exemple, en langue, le choix entre le tutoiement ou le vouvoiement, ou bien entre des registres de langue, familier ou soutenu.

Cette distance entre la théorie et la pratique dans l'apprentissage des langues a conduit à distinguer deux types de grammaire, *explicite* et *implicite*. La *grammaire implicite* est la grammaire que l'on développe lors de l'apprentissage naturel de la langue maternelle quasi achevé avant d'entrer à l'école. Elle est constituée des *usages* que l'enfant a intériorisés spontanément et souvent inconsciemment pour les imiter et les exploiter en induisant intuitivement des modèles à partir des régularités qu'il a enregistrées. D'abord confus, approximatifs et incomplets, ces usages deviennent progressivement plus précis, cohérents, efficaces, corrects, selon le principe que « c'est en forgeant que l'on devient forgeron ».

En revanche, la *grammaire explicite* – par laquelle on commence traditionnellement l'apprentissage d'une langue étrangère en milieu scolaire – représente l'ensemble des règles formelles que l'on acquiert, sous l'égide d'un professeur ou d'un manuel, de manière méthodique et volontaire (ou forcée ?) au moyen d'explications théoriques, d'exercices systématiques et d'efforts de mémorisation. C'est de manière délibérée et contrôlée que l'allophone y recourt ensuite pour communiquer, ce qui lui réclame beaucoup d'attention et de temps au début. Concernant la langue maternelle, puisqu'un enfant qui arrive à l'école vers 5, 6 ans sait déjà bien parler (grâce à la grammaire implicite générée instinctivement depuis la naissance), le rôle de l'instituteur consiste alors à développer sa grammaire explicite. En même temps que la lecture et l'écriture, il lui enseignera le fonctionnement métalinguistique de la langue dont l'enfant a la maitrise linguistique. Par exemple, si l'enfant savait déjà mettre les mots dans le bon ordre pour faire la différence entre « Le chat poursuit le chien. »

et « Le chien poursuit le chat. », il apprendra à l'école quels mots sont verbe, sujet et complément d'objet, et quelles autres formulations sont possibles : « Le chat est poursuivi par le chien. » On conclura donc que le processus est inversé dans l'enseignement des langues maternelle et étrangère :

À l'école, enseignement...	compétences linguistiques (usages > grammaire implicite)	connaissances métalinguistiques (règles > grammaire explicite)
... de la langue maternelle :	THÉORISATION ⟶	
	enseignement inductif	
... d'une langue étrangère :	⟵ PROCÉDURALISATION	
	enseignement déductif	

Même si les grammaires implicite et explicite s'opposent dans leur principe, il est tout de même possible et souhaitable de les associer dans l'enseignement. Il faut travailler à les rendre complémentaires, à les combiner de différentes manières et à toutes les occasions, par des va-et-vient entre la théorie et la pratique. Une explication pertinente – quand elle est bien présentée et assimilée – est moins une norme qui contraint qu'un modèle qui stimule, qu'un nouvel usage que l'on met à la portée de l'apprenant pour qu'il varie et améliore ses moyens d'expression. Inversement, un exercice d'expression ou de communication bien exploité permettra de retenir de cette expérience linguistique des formes réutilisables en d'autres circonstances. De cette manière, les connaissances (métalinguistiques) profitent aux compétences (linguistiques), et vice versa.

2.2. Usages, règles, système

On considère donc ici que les *usages* linguistiques s'acquièrent spontanément par la pratique, par l'imitation (précédée de dispositions et/ou de dispositifs innés), en situations authentiques, tandis que les *règles* s'apprennent délibérément à l'école ou dans des ouvrages conçus par des linguistes ou des grammairiens (que nous distinguerons plus tard). En ce sens, les règles représentent l'explicitation et la formalisation des usages, ou plutôt d'usages anciens puisque la grammaire est conservatrice. Certaines règles, comme certaines orthographes, datent du XVIIe siècle, quand les premiers grammairiens du français ont voulu uniformiser la langue parlée à la cour du roi de France pour la diffuser dans tout le pays. Les linguistes n'inventent cependant pas les règles. Ils se limitent à décrire, à sélectionner, à normaliser, à organiser (dans le meilleur des cas), à généraliser des usages qui se présentent et avaient évolué librement dans la langue selon des logiques propres. Même si ce sont bien les locuteurs qui réalisent les changements linguistiques, ces changements sont tellement lents que ces locuteurs ne s'en rendent généralement pas compte pendant la durée de leur vie. Il a fallu de nombreuses générations pour que le latin se transforme en français sans que personne ne le décide. Par exemple, lors de l'expansion de l'Empire romain, la prononciation du latin par de plus en plus de populations allophones différentes a provoqué l'érosion de la fin des mots, conséquemment la disparition des déclinaisons. Aussi la future langue française, au cours du Moyen Âge, a-t-elle dû y suppléer en donnant progressivement un ordre fixe aux mots (désormais sans désinence) pour marquer leur fonction, et en les accompagnant parfois de prépositions.

Même si toute langue est en perpétuelle évolution (ralentie cependant une fois la langue écrite et décrite), elle représente à tout moment pour ses locuteurs un système pertinent et cohérent. Génération après génération, ils l'utilisent et la façonnent au gré de leurs activités quotidiennes, sociales, technologiques, économiques, intellectuelles... Génération après génération, les enfants perçoivent dès leur naissance et reproduisent instinctivement les procédés de ce système, ses usages, principalement grâce à leur sensibilité aux récurrences et aux régularités. Il suffit que leur cerveau saisisse quelques répétitions de sons, de mots, de successions de sons et de mots, de liaisons et d'accords, en relation avec d'autres facteurs contextuels, pour que ces enfants les enregistrent et s'en servent à leur tour pour communiquer. Nous ne débattrons pas ici de savoir si le système est dans la langue elle-même ou bien dans le cerveau de l'enfant qui l'apprend ou encore dans celui du linguiste qui la décrit. De toute manière, les interactions sont incessantes entre les besoins de la communication et la langue appelée à les satisfaire, interactions qui conditionnent selon les cas la pérennité ou l'innovation de ses usages. On retiendra en conclusion que la langue, par les unités qu'elle distingue et combine, comme par ses adaptations et améliorations régulières, a permis aux humains de concevoir, de décrire, d'analyser, d'organiser le monde physique ou social qui les entoure, et d'y vivre au mieux de leurs intérêts.

Aussi la portée des descriptions grammaticales est-elle double. D'une part, tournées vers l'extérieur, les grammaires doivent rendre compte de la complexité, de la variété, de la précision, de la souplesse, de la rigueur, de la fiabilité des moyens que la langue procure à chaque moment à ses locuteurs pour leur permettre d'(inter)agir utilement et adéquatement dans toutes les circonstances de leur existence. D'autre part, tournées vers l'intérieur, les grammaires doivent aussi rendre compte du monde que la langue constitue en elle-même et par elle-même. Ses unités et procédés interagissent les uns avec les autres en interne pour former une structure complète, autonome et intégrée qui régit le fonctionnement de chacun de ses composants et phénomènes. On appelle *galiléenne* la contrainte de traiter tous les faits attestés dans la pratique de langue, y compris les plus singuliers, tandis que l'exigence *aristotélicienne* vise à en présenter un système ordonné et logique, quitte à sacrifier quelques cas particuliers jugés peu significatifs. Satisfaire à ces deux exigences parfois contradictoires relève de la quadrature du cercle, raison pour laquelle les grammaires se réécrivent sans cesse en préférant tantôt l'un, tantôt l'autre idéal, en proposant chaque fois des règles différentes qui intègrent d'anciennes exceptions mais qui en créent de nouvelles. Les trois qualités d'une bonne grammaire n'en restent pas moins...

- de couvrir le plus de faits de langues possible (donc avec le moins d'exceptions possible),
- au travers d'un système de règles le plus logique et cohérent possible,
- à l'aide d'explications les plus économiques, simples et claires possible.

2.3. Grammaires, normes, manuels

Il devient maintenant nécessaire de distinguer les significations du mot *grammaire* qui vient d'être utilisé à différents niveaux :

a) la grammaire est d'abord le *fonctionnement* d'une langue qui repose sur des usages systématiques que les locuteurs utilisent en communiquant ; ce fonctionnement caractérise une langue par rapport à d'autres (ex : la grammaire du français, de l'italien, de l'anglais...) mais peut aussi être associé à des principes généraux (l'hypothétique *grammaire universelle*) ;

b) la grammaire est ensuite l'*analyse* de ce fonctionnement par des linguistes et/ou des grammairiens qui en décrivent et en expliquent les mécanismes dans des ouvrages du même nom (ex : la grammaire de Port-Royal, la grammaire de Grevisse, la grammaire structurale, etc.), pour organiser et uniformiser les usages (des règles), ou pour enseigner la langue à des enfants ou à des allophones ;

c) la grammaire est également la *compétence*, acquise (à partir d'aptitudes innées) dès la naissance pour la langue maternelle, ou plus tard pour une langue seconde ou étrangère, permettant aux locuteurs de communiquer dans la langue donnée en mettant en œuvre son fonctionnement (cf. a), éventuellement guidés par des analyses linguistiques (cf. b).

Il serait possible de discuter longuement des différences et des rapports entre ces trois niveaux, mais on s'en tiendra ici à ces définitions pour préciser notre démarche qui se situera au deuxième niveau, celui de l'analyse métalinguistique du fonctionnement de la langue.

Est également venu le moment de distinguer le travail des *linguistes* de celui des *grammairiens* qui se chargent les uns et les autres d'expliquer le système de la langue, d'analyser la variété de ses éléments et de ses mécanismes, mais dans des perspectives différentes. Les *linguistes* décrivent fidèlement, précisément et impartialement la langue pratiquée effectivement et spontanément par les locuteurs concernés – les usages, donc – sans considération pour leur justesse, leur distinction, leur logique. Les *grammairiens*, par contre, adoptent un point de vue normatif quand ils évaluent ces usages, voire prescriptif quand ils en imposent certains et en interdisent d'autres. Leurs descriptions et leurs explications plaident en tout cas pour le *bon usage* et visent à décourager les usages alternatifs, jugés déviants et incorrects. Les règles qu'ils édictent serviraient à préserver la langue, à en assurer une meilleure qualité, utilisation, réputation, et aussi à mettre en valeur ceux qui les respectent. Les grammairiens sont souvent assimilés à des puristes. Même s'il ne faut pas confondre les deux approches descriptive et normative, on remarque que les linguistes et grammairiens produisent finalement des grammaires assez semblables dans la mesure où la norme s'assouplit.

Car la norme du français officiel a longtemps été tyrannique en obligeant au cours des siècles à prendre exemple successivement sur la langue des courtisans de Versailles, de la haute bourgeoisie éclairée, de l'intelligentsia parisienne ou des écrivains célèbres. Actuellement, même si une certaine forme d'élitisme a toujours cours, on prône plutôt la norme du *français standard*, c'est-à-dire une langue française virtuelle (mais pas idéale !) qui n'est parlée en réalité par personne en tant que telle, mais qui est comprise par le plus grand nombre de francophones en dépit des variétés sociales, générationnelles, régionales, internationales. Le concept du *français standard* permet de rompre avec l'ancienne conception hiérarchique de la langue, selon laquelle on parlait plus ou moins bien ou mal, au profit d'une conception plus horizontale où les différents sociolectes, registres ou genres de discours se présentent comme des alternatives de la vie en société. En fait, aucune variante n'est meilleure ou pire qu'une autre, mais plus ou moins adaptée aux conditions de la communication. Maitriser la langue ne consiste pas à s'exprimer tout le temps et partout en langue soutenue, à imiter la manière de parler de quelques privilégiés, habitant tel endroit, exerçant telle profession, mais à pouvoir comprendre et se faire comprendre aisément, de passer d'une variante à l'autre selon les circonstances. Le *français standard* sert en quelque sorte de dénominateur commun et de pivot à ces différents usages.

En plus des grammaires descriptives et normatives-prescriptives que l'on vient d'opposer, il existe sur le marché de nombreux autres types de manuels de grammaire. On citera plus particulièrement les *grammaires pédagogiques ou progressives* qui, comme leur nom l'indique, ne présentent pas l'ensemble du fonctionnement de la langue de manière analytique, mais sélectionnent, échelonnent, programment leurs thèmes et leurs explications en fonction des besoins graduels et des compétences croissantes des élèves en cours d'apprentissage. Les linguistes ont effectivement pu décomposer le processus d'apprentissage linguistique (la *processabilité*) en différents paliers caractéristiques que les apprenants doivent franchir successivement et les enseignants respecter scrupuleusement. Les grammaires pédagogiques sont parfois illustrées d'extraits de communications orales et écrites proposées en exemples et de commentaires culturels pour motiver et contextualiser l'apprentissage de la langue. Ces grammaires peuvent être utilisées par l'apprenant seul (autoapprentissage) ou accompagnées par un enseignant qui, lui, sera aidé d'un *guide du professeur* édité en même temps que le manuel.

Il existe aussi des *grammaires comparatives* qui permettent aux locuteurs allophones d'apprendre plus facilement une nouvelle langue (langue cible) en tenant compte de leur langue maternelle (langue source). Pour apprendre le français, existent donc des grammaires spécialement conçues pour les anglophones, les arabophones, les russophones... Ces ouvrages, souvent bilingues, soulignent les similitudes entre les deux langues, comparent leurs différences, exercent à les surmonter en débusquant les pièges les plus courants.

On peut aussi citer pour mémoire les *grammaires encyclopédiques* ou *guides grammaticaux* où les sujets sont présentés de A à Z sans ordre analytique ni progressif, seulement en fonction de la première lettre du nom choisi pour les répertorier. Ces glossaires peuvent servir à des explications occasionnelles, avec le risque cependant de ne pas donner une vue d'ensemble de la langue qui fonctionne et que l'on doit apprendre de manière cohérente.

2.4. Composition et composantes des grammaires

Dans la mesure où les grammaires se succèdent en se différenciant les unes des autres depuis que les langues concernées sont analysées, on peut en tirer la conclusion que chacune d'entre elles n'est qu'une interprétation possible, proposée selon des perspectives différentes, d'un objet qui a lui-même différentes facettes. D'autant que les grammaires, aussi exhaustives ambitionnent-elles d'être, ne peuvent couvrir l'infinité des usages d'une communauté linguistique, de leurs variantes, de leurs nuances. Les grammaires sont également confrontées à un autre handicap aussi embarrassant. Malgré des efforts en faveur d'une perspective plus discursive, les grammairiens sont contraints, pour décrire et expliquer le fonctionnement des phrases, de les extraire de leur *contexte* (la situation réelle dans laquelle les locuteurs les ont produites et échangées) comme de leur *co-texte* (le texte qui précède et qui suit les phrases considérées). De la même manière qu'un entomologiste doit attraper et épingler un papillon sous une vitre pour l'examiner. Ainsi une phrase isolée de sa situation et de son discours peut paraitre incompréhensible (a-sémantique) ou incorrecte (a-grammaticale) alors qu'au moment et à l'endroit où elle a été prononcée ou écrite, elle était aussi pertinente que recevable.

En principe, rédiger une grammaire se fait en trois étapes.

- Premièrement, il faut *collecter des matériaux*, des *faits de langue*, des phrases authentiques, réellement entendues ou lues, et en constituer un *corpus* d'énoncés attestés. Pour faciliter l'opération, on peut aussi inventer des phrases pour les besoins de l'analyse et les soumettre à des témoins qui jugeront si elles sont acceptables, vraisemblables, ou pas.
- La deuxième étape consiste à *décrire la langue*, en observant comment ces faits de langue, ces usages de mots, ces structures de phrases se présentent, se caractérisent, se distinguent, se combinent, se complètent... en comparant éventuellement entre plusieurs variétés de la même langue

(sociolinguistique), entre plusieurs époques de la même langue (linguistique historique ou diachronique), entre plusieurs langues différentes (linguistique contrastive).

— Troisièmement, à un plus haut niveau d'abstraction, on tente d'*expliquer la langue* au moyen de principes, de mécanismes, de modèles généraux sur lesquels reposeraient le système et les sous-systèmes de la langue, et leur évolution. Par exemple, on a expliqué plus haut l'apparition de l'ordre fixe des mots et le recours aux prépositions en français par la disparition de la déclinaison latine. Il est intéressant à ce niveau de se demander si ces faits de langue sont communs à plusieurs langues (de la même famille), voire à toutes les langues (à titre d'universaux).

La *syntaxe*, objet de cet ouvrage, est probablement la composante la plus caractéristique de la langue et la plus étudiée de la grammaire prise au sens d'analyse du système de la langue. On définira simplement la syntaxe comme l'étude de la sélection, de la succession, de la combinaison des mots qui forment une phrase. On reviendra plus loin sur la définition à donner au *mot* et à la *phrase*, mais annonçons déjà que ce seront les deux limites *a quo* et *ad quem* de notre analyse. Même si d'aucuns invoquent une syntaxe du texte, du discours, de la conversation, du récit, nous nous en tiendrons à la phrase en tant que dimension canonique de l'organisation de la langue.

La *morphologie*, qui étudie les formes et les variations des mots, est étroitement associée à la syntaxe. On distingue d'ailleurs la *morphologie lexicale* (la formation des mots par dérivations, compositions, pré- ou suffixations...) de la *morphologie grammaticale* (accords, flexions, conjugaisons). La morphologie participe plus précisément à l'attribution de *nature* et de *fonction* aux mots qui composent la phrase, ainsi qu'à leur association (au moyen des accords).

En principe, la tradition scolaire distingue clairement la grammaire et le lexique d'une langue, donc son analyse *syntaxique* (la forme) de son analyse *sémantique* (la signification). Les linguistes remettent cependant en cause cette séparation surtout méthodologique. Les propriétés sémantiques et syntaxiques des mots sont souvent enchevêtrées, et c'est autant en fonction de compatibilités sur un plan que sur l'autre qu'ils se combinent pour constituer une phrase. Par exemple, la signification du mot « user » dépend de ses combinaisons syntaxiques : « user un outil » revient à l'abimer, alors qu'« user d'un outil » consiste à seulement s'en servir.

Par ailleurs, dans les faits, les enfants apprennent simultanément et indistinctement la formation des énoncés et leur signification avant d'arriver à l'école où on leur enseigne à séparer, d'un côté, le dictionnaire, de l'autre, la grammaire. En ce qui concerne l'analyse syntaxique *stricto sensu*, telle qu'elle va être menée ici, elle doit malgré tout, pour évaluer la pertinence des faits de langue considérés, établir des liens entre les *formes d'expression* qu'ils représentent et les *effets de sens* (les interprétations et les implications) qu'ils suscitent. La comparaison entre « un grand homme » et « un homme grand » indique que la place de l'adjectif n'est pas indifférente en français, que son antéposition ou postposition relèvent ici d'un choix du locuteur et qu'elles ont chacune leur effet de sens. Par contre, on constate que la suppression formelle du « ne » explétif n'a aucun effet de sens dans une phrase telle que : « Je crains qu'Hector (ne) vienne. »

Comme la syntaxe commence son champ d'activité à partir du mot, la *phonologie* n'y participe pas, sauf exceptionnellement, avec une liaison provoquée par un pluriel, par exemple. Deux prononciations d'un même mot sont parfois possibles, comme l'adverbe « plus » dans la phrase « Il en veut plus ! » (avec la prononciation du « s » : « Il en veut *encore* plu<u>s</u> ! » ; sans la prononciation du « s » : « Il (n')en veut plus *du tout* ! »). En revanche, toujours à l'oral, *l'intonation* tient un rôle syntaxique essentiel. D'une part, c'est l'intonation qui permet de distinguer une affirmation d'une question : « Sarah vient. [\] » ou « Sarah vient ? [/] » C'est aussi l'intonation qui permet – comme la ponctuation à l'écrit – de constituer des phrases et, en leur sein, les groupes syntaxiques, comme le prouvent les deux phrases suivantes à lire à haute voix : « La petite [\] – [/] brise la glace. » ou « La petite brise [\] – [/] la glace. »

Pour finir, ou pour commencer, la syntaxe relève de la *pragmatique* dans la mesure où les moyens linguistiques qui s'y déploient sont fondamentalement mis en œuvre au service d'intentions extralinguistiques dans un contexte donné vis-à-vis de personnes données. Il arrive que l'on parle pour ne rien dire, mais on ne parle jamais pour ne rien faire. Selon la perspective (socio)pragmatique, c'est en effet toujours pour poser un *acte de langage*, accomplir un *projet communicatif*, interagir avec et sur des interlocuteurs, mener une activité sociale, que l'on use du langage. Comme on le verra plus loin, la seule définition de la phrase qui fasse aujourd'hui l'unanimité l'envisage précisément comme la réalisation d'un *acte de langage*. En situation d'énonciation, le locuteur commet une phrase et l'adresse à un interlocuteur pour faire une constatation, donner un ordre, poser une question, manifester son étonnement, mais aussi pour promettre, menacer, remercier, etc., toute une série d'actions impliquant le monde et contraignant ledit interlocuteur (à qui on demande explicitement ou non d'approuver, d'obtempérer, de répondre, de compatir, etc.).

CHAPITRE TROIS

Les principes

3.1. Les deux fondements du langage

Pour comprendre la syntaxe, il faut commencer par rappeler les deux principes fondamentaux du fonctionnement de la langue : son caractère *discret* et *linéaire*.

3.1.1. La discrétion

Sans entrer dans les détails et les discussions, nous dirons que la réalité, l'espace, le temps, les sons, la vie se présentent généralement de manière indéterminée, vague, confuse, alors que les langues – comme cela vient d'être expliqué – sont composées d'unités distinctes (phonèmes et mots) qu'elles articulent de manière systématique. Pour illustrer la différence, les linguistes prennent souvent comme exemple l'arc-en-ciel dont les couleurs se présentent graduellement de l'infrarouge à l'ultraviolet, sans limites ni intervalles entre elles, c'est-à-dire dans la continuité. Au contraire, les couleurs des feux de circulation aux carrefours se succèdent de manière discontinue (« discrète », dit-on en linguistique), c'est-à-dire nette, subite et radicale, comme les mots dans une phrase, comme les phrases entre elles.

D'autre part, avant que le langage n'y mette aussi de l'ordre, le cerveau n'est pas moins confus que le monde auquel il est exposé : les perceptions, les impressions, les idées, les concepts, les inférences, le raisonnement... tout y est mêlé, confondu, fondu. Il suffit de prendre l'exemple des sentiments qu'une personne peut éprouver pour une autre et dont les nuances ne sont pas moins subtiles ni plus identifiables que celles des couleurs de l'arc-en-ciel. Est-ce de l'amour, de la passion, de l'amitié, de l'estime, de l'affection, de la tendresse, du désir... ? La nature du sentiment reste indécidable jusqu'au moment où la personne concernée choisit le mot pour le désigner, ce qui va inévitablement le réduire en excluant les autres options possibles et en sacrifiant mille nuances indicibles. Le mot est une arme à double tranchant : quand il débite la réalité, il la révèle et l'élague à la fois.

3.1.2. La linéarité

Pour comprendre l'autre contrainte fondamentale, celle de la linéarité, il suffit de considérer le fait qu'il advient simultanément une multitude de choses dans le monde comme dans notre esprit, mais que le langage auquel nous recourons pour en faire état nous interdit d'exprimer plus d'un son, plus d'un mot, plus d'une information ou une idée à la fois, au compte-goutte. On prend conscience de l'exigence de ce principe quand, sous l'emprise de l'excitation, nous voudrions tout dire en même temps sans savoir par où commencer. Le langage ne le permet pas : un mot après l'autre, dans un ordre fixe qu'il convient de respecter sous peine d'être incompréhensible. La linéarité – à laquelle on peut également reprocher de laminer les choses et les pensées – est aussi frustrante pour l'interlocuteur ou le lecteur qui doit patiemment égrener les mots et combiner progressivement leur sens pour être informé. Nous n'apprécions pas le tableau d'un peintre de la même manière : les formes et les couleurs se présentent toutes ensemble et en même temps à la personne qui le découvre en un instant et qui peut ensuite y laisser promener son regard librement, sans suivre un ordre imposé par une syntaxe. Pour en revenir au langage, c'est donc en se déroulant linéairement, mot à mot, phrase à phrase, dans le temps de l'énonciation ou sur l'espace de la page, qu'il peut fonctionner. Si l'orateur ou le lecteur s'arrête sur un mot, le langage s'arrête aussi et s'éteint aussitôt.

L'univers est informe, c'est sa description linguistique qui lui donne une forme en attribuant un nom aux éléments, phénomènes, concepts que chaque langue y distingue. Entre le foisonnement du monde et l'exubérance de l'esprit, le langage leur assure à tous deux – lors des va-et-vient incessants de l'un à l'autre – un ordre : l'ordre physique linéaire propre au langage, mais aussi l'ordre chronologique de son déroulement, l'ordre hiérarchique de sa syntaxe, l'ordre analytique de son lexique. Le mot impose la discontinuité linguistique à la continuité du monde et de la pensée ; la phrase impose son organisation syntaxique à leur confusion inhérente et inconsciente. Aussi le mot représente-t-il l'unité fondamentale de la syntaxe qui analyse comment il s'associe à d'autres mots pour former une phrase, produire du sens et permettre la communication.

3.2. Les deux dimensions de la syntaxe

Au-delà de leurs particularités et de leurs divergences, la plupart des théories linguistiques et des analyses grammaticales décrivent le fonctionnement du langage à partir de deux axes, en privilégiant plutôt l'un ou l'autre selon les cas : celui de la *succession linéaire*, dont il vient d'être question, et celui de la *composition organique*. Quand on décrit et enseigne la grammaire, la tâche se résume finalement à expliquer comment les mots se suivent, d'une part, et comment ils s'assemblent, d'autre part.

3.2.1. La dimension apparente : la succession

Contrairement aux langues isolantes (chinois), agglutinantes (finnois), flexionnelles (latin, allemand), le fonctionnement des langues analytiques comme le français repose principalement sur l'ordre fixe des mots dans la phrase. L'ordre que les mots suivent en français leur confère...

- leur nature : « La (*article*) ferme (*nom*) le (*pronom*) voile (*verbe*). » >< « Le (*article*) voile (*nom*) la (*pronom*) ferme (*verbe*). » ;
- leur fonction : « Le chien (*sujet*) poursuit le chat (*objet*). » >< « Le chat (*sujet*) poursuit le chien (*objet*). » ;
- leur portée pragmatique, l'acte de langage que la phrase représente : l'injonction « Tu viens ! » >< la question « Viens-tu ? » ;
- mais aussi leur signification : « sa propre voiture » >< « sa voiture propre ».

L'étude de la succession des mots dans la chaine parlée (leur *distribution* sur la *structure de surface*, selon les expressions des théories linguistiques) s'est développée et précisée grâce aux structuralistes. Sans faire directement référence à la construction des phrases, et encore moins à leur signification, ils ont pu décrire différents types de phénomènes en rapport avec la seule et simple suite de mots formant ces phrases.

3.2.1.1. Les cooccurrences de marques

Le nombre (singulier/pluriel), le genre (masculin/féminin) et la personne (première/deuxième/troisième) sont souvent signalés à plusieurs reprises dans la même phrase. Ces phénomènes de cooccurrence relèvent de la redondance qui touche plusieurs aspects du fonctionnement de la langue et qui lui permet d'assurer ainsi une communication plus fiable.

Par exemple, un substantif au pluriel entrainera automatiquement des marques du pluriel aux déterminatifs et aux adjectifs qui s'y rapportent, comme au verbe dont il est le sujet :

« Le vieil animal se rend dans sa cage. »

→ « Les vieux animaux se rendent dans leur cage. »

Notons à ce propos que ces marques ne sont pas toujours les mêmes à l'oral qu'à l'écrit. Par exemple, l'adjonction à l'écrit d'un « -e » muet au féminin provoque la prononciation à l'oral de la consonne qui précède (« ver(t) » → « verTe », « lon(g) » → « lonGUe »...). Les marques sont d'ailleurs plus nombreuses à l'écrit, généralement transmis sans l'aide du contexte, qu'à l'oral, généralement échangé en contexte.

La concordance des temps entre la proposition principale et la subordonnée suit le même principe de cooccurrence, même si la réalité n'y trouve pas toujours son compte

« Il m'a appris hier que sa femme <u>était</u> allemande. » (Ne l'est-elle plus aujourd'hui ?)

De la même manière, le mode subjonctif exigé par le verbe de la principale ou une conjonction de subordination témoigne de la même incertitude :

« Je sais que Louise <u>vient</u>. »

>< « Je doute que Louise <u>vienne</u>. »,
« Je me prépare avant que Louise ne <u>vienne</u>. »

3.2.1.2. Les mots (in)compatibles

Même si le contexte (situationnel) et le co-texte (les phrases qui précèdent et qui suivent celle que l'on analyse) peuvent permettre certains usages inhabituels, par exemple littéraires, on constate que – pour diverses raisons, notamment syntaxiques, qu'il faudra éclaircir – des mots s'associent alors que d'autres ne peuvent pas se trouver côte à côte :

« Albert mange une orange. »
« Albert mange beaucoup. »
« Albert mange à table. »

mais pas

« Albert mange rouge.* »
« Albert mange très.* »
« Albert mange à Colette.* »

(NB : l'astérisque à la fin d'une phrase indique qu'elle n'est pas recevable.)

3.2.1.3. Les phrases (in)complètes

En tenant compte de la même remarque faite ci-dessus concernant le rôle des co(n)textes qui peuvent justifier certaines libertés avec la syntaxe, on constate qu'une suite de mots peut constituer une phrase tandis que, dans d'autres cas, la suite sera jugée incomplète pour former une phrase acceptable.

« Bob vient. »

est une phrase complète, tandis que

> « Bob va* », « Bob offre* », « Bob succède* », « Bob se trouve* »

ne sont pas des phrases terminées si on n'y ajoute pas un complément :

> « Bob va en vacances », « Bob offre des fleurs à sa femme. », « Bob lui succède. », « Bob se trouve ici. »

Certains verbes peuvent cependant être utilisés sans les compléments attendus, soit à l'impératif :

> « Bob, donne [-le moi] ! »

soit dans un usage dit *absolu* quand le complément est sous-entendu :

> « Bob boit [de l'alcool]. », « Bob écrit [un livre]. », « Bob fait construire [une maison]. », « Bob descend [de l'étage]. »

La réduction des phrases jusqu'à leur plus simple expression – la *phrase simple* – permet de dégager leur structure syntaxique de base.

> « [La semaine prochaine], la [célèbre] journaliste [de la télévision] partira [avec son équipe] [en Afrique] [pour un reportage [sur la disparition des éléphants]]. »
>
> → « La journaliste partira. » (= Déterminatif + Nom + Verbe)

On appelle *essentiels* les éléments ineffaçables qui constituent cette *phrase simple*. En fait, l'infinité de phrases que tout locuteur peut produire dans une langue repose sur seulement quelques structures prototypiques qu'il varie, enrichit et enchaine selon les besoins de la communication. Nous reviendrons sur ces phrases simples du français au chapitre sept.

3.2.1.4. Les prolongements possibles

En revanche, comme l'a démontré Marcel Proust, les phrases peuvent être prolongées sans limites, si ce n'est celles des capacités cognitives de l'interlocuteur qui doit les comprendre.

> « Je n'oublierai jamais, dans une curieuse cité de Normandie, voisine de Balbec, deux charmants hôtels dix-huitième siècle, qui me sont à beaucoup d'égards chers et vénérables, et entre lesquels, quand on regarde

du beau jardin qui descend des perrons vers la rivière, la flèche gothique d'une église, qu'ils cachent, s'élance, ayant l'air de terminer, de surmonter leurs façades, mais d'une manière si différente, si précieuse, si annelée, si rose, si vernie, qu'on voit bien qu'elle n'en fait pas plus partie que de beaux galets unis, entre lesquels est prise sur la plage, la flèche purpurine et crènelée de quelque coquillage fuselé en tourelle et glacé d'émail. » (*Chroniques*, L'Imaginaire, Gallimard, juillet 2015, page 131)

En syntaxe, prolonger une phrase peut aider à mieux en comprendre la structure en cas d'ambigüité. Par exemple,

« Leila préfère le gâteau à la crème. »

a deux interprétations possibles si l'on envisage un ou deux desserts, jusqu'au moment où l'on ajoutera

« ... Robert peut donc manger la crème. »,

ou bien

« ... mais comme il n'y pas de gâteau à la crème aujourd'hui, elle prendra une macédoine de fruits. »

On se servira du même procédé de prolongement pour découvrir ou montrer la différence d'effets de sens de formes d'expression comparables :

« Je ne viendrai pas <u>parce que</u> je serai indisponible... je vous l'annonce dès à présent. »

« Je ne viendrai pas <u>puisque</u> je serai indisponible... comme je vous l'ai déjà annoncé. »

« Le pneu de ma bicyclette <u>a</u> crevé... hier. »

« Le pneu de ma bicyclette <u>est</u> crevé... depuis hier. »

3.2.1.5. Les déplacements de (groupes de) mots (im)possibles

La succession linéaire impose un ordre aux différentes unités juxtaposées, les unes *avant* ou *après* les autres. La place de certains mots ou groupes de mots est cependant plus libre. L'adverbe, par exemple, se caractérise par sa grande mobilité dans la phrase :

« (<u>Hier</u>,) le chien (, <u>hier</u>,) a mordu (<u>hier</u>) le voisin (<u>hier</u>). »

Le déplacement de l'adverbe peut cependant entrainer des effets de sens :

« <u>Sérieusement</u>, Sarah étudie pour ses examens. » (C'est l'énonciateur qui est sérieux.)

>< « Sarah étudie <u>sérieusement</u> pour ses examens. » (C'est Sarah qui est sérieuse.)

Si on déplace le nom sujet ou objet, il faut lui substituer un pronom, par exemple quand on veut le mettre en évidence (au moyen de dislocations à gauche et/ou à droite) :

« Victor aime le chocolat. »

→ « <u>Victor</u>, il l'aime beaucoup, <u>le chocolat</u>. »

→ ou bien « <u>Le chocolat</u>, il l'aime beaucoup, <u>Victor</u>. »

Le nom complément, quant à lui, devient mobile quand il est accompagné d'une préposition :

« (<u>Dans la cave</u>,) le chat poursuit (<u>dans la cave</u>) les souris (<u>dans la cave</u>). »

Même précédés d'une préposition, les compléments ne peuvent pas toujours inverser leur position respective :

« <u>Dans la chambre</u>, Émile range les vêtements <u>dans l'armoire</u>. »

est possible, mais pas

« <u>Dans l'armoire</u>, Émile range les vêtements <u>dans la chambre</u>.* »

3.2.2. La dimension cachée : l'organisation

La succession audible ou visible des mots dans la chaine parlée n'explique pas à elle seule le fonctionnement de la langue, et plus particulièrement celui de la phrase. Il faut pour cela envisager une autre dimension, abstraite, elle, qu'on appellera *organique* et qu'on représentera verticalement par rapport à l'horizontalité de la linéarité qu'elle transcende. Cette dimension organique régit la succession des mots dont elle émane ; l'une et l'autre s'expliquent mutuellement. Quand on écoute ou lit une phrase, l'esprit passe de l'enchainement explicite des mots à leur organisation implicite, et vice versa.

Cette dimension cachée de la langue est envisagée à deux niveaux, *paradigmatique* et *hiérarchique*. Le paradigme permet d'identifier les mots, la hiérarchie de les combiner.

3.2.2.1. Le paradigme

On appelle *paradigme* l'ensemble des choix possibles que le système de la langue offre au locuteur à chaque unité successive (mot) de la phrase se déroulant (selon l'axe syntagmatique). Dans la phrase

« Un bel enfant mange une pomme. »,

le locuteur a sélectionné le mot « Un » parmi de nombreux autres mots possibles : « Mon », « Cet », « Le », « Quelque »...

À la place du mot « bel », les mots « grand », « jeune », « joyeux »... auraient été possibles.

À la place du mot « enfant », les mots « bambin », « écolier », « adolescent », « gamin »...

Etc.

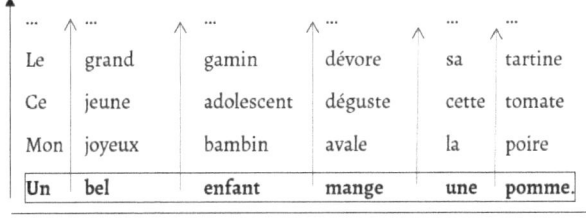

Tous les mots commutables au même endroit de la phrase, tout en la gardant acceptable (« vite » n'aurait pas pu remplacer « jeune »), forment un paradigme. Un paradigme constitue un champ sémantique, mais aussi une classe grammaticale : les déterminatifs (« Un », « Ce », « Le », « Mon »...), les adjectifs (« jeune », « grand », « beau », « joyeux »...), les noms, les verbes, les adverbes, etc. Même si seul le mot retenu par le locuteur apparait à cet endroit de l'axe syntagmatique, les autres mots possibles tiennent leur rôle *in absentia* dans le système de la langue comme dans l'esprit des interlocuteurs.

3.2.2.2. La hiérarchie

Quant à la hiérarchie, en suivant et en se combinant, les unités du langage forment des groupes qui constituent des unités d'un rang supérieur selon un système d'emboitements successifs :

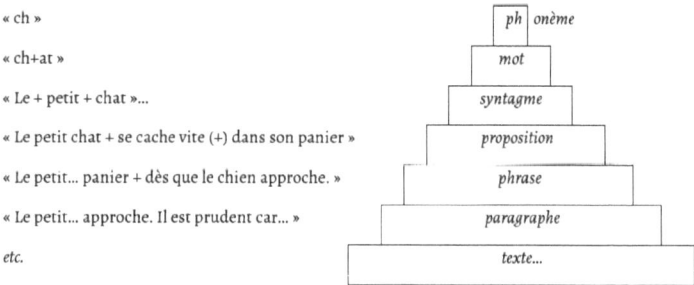

La plane linéarité cache donc des rapports hiérarchiques de coordination, de subordination, d'enchâssement entre les mots et les groupes de mots, une hiérarchie dont la (re)constitution détermine le fonctionnement, la production et la compréhension du langage. C'est précisément l'organisation syntaxique qui fait l'objet de cet ouvrage.

CHAPITRE QUATRE

Les unités

4.1. Le mot

On part donc du principe que le mot est la plus petite unité syntaxique que l'on combine avec d'autres mots pour former des groupes, puis finalement composer une phrase. Le mot peut aussi constituer une phrase à lui seul, comme : « Sortez ! » ou « Dehors ! ». Le mot (ou *monème*) est aussi considéré comme la plus petite unité significative de la langue ; le réduire encore donnerait une suite de lettres ou de sons dénuée de toute signification : « stylo » est un mot, mais pas « sty » ni « lo ». Tandis que le *phonème* (un son formalisé par une langue donnée) est la plus petite unité distinctive de la langue : sans signification intrinsèque, le phonème /k/ permet cependant de distinguer les deux monèmes « comme » et « homme » qui, eux, ont chacun une signification différente.

Sous différents aspects, le mot est un constituant universel de la langue. Il est à la base empirique des plus anciennes grammaires connues qui le classent déjà par catégories. Il n'empêche que les linguistiques contemporaines remettent en cause la prévalence et la définition du mot. Sa caractérisation graphique en tant que suite de lettres entre deux espaces est récente (les mots étaient généralement liés les uns aux autres dans les manuscrits), particulière (certaines langues ne connaissent pas l'espace) et ne vaut pas à l'oral où le mot correspond rarement à des marques dans la prononciation (*a fortiori* avec les élisions et les liaisons). Sur le plan sémantique, l'unité du mot est aussi problématique pour les spécialistes : il est la conjonction de traits multiples et variés (« chien » = animal, mammifère, quadrupède, domestique, fidèle, dangereux, d'aveugle, partie de fusil...), et ses correspondances avec des objets de la pensée ou de la réalité sont toujours instables.

Sans approfondir ces questions qui importent peu ici, notons cependant...

- qu'un mot possède à la fois *des propriétés sémantiques et syntaxiques*, selon des proportions variées : le nom vaut surtout pour sa signification tandis qu'une préposition (« à », « de »), dont la signification est peu précise, tient surtout un rôle syntaxique ;

- qu'ainsi, même si on le considère en tant que tel comme une unité syntaxique, un mot peut être décomposable :
  • le *lexème* porte la signification du mot, éventuellement complété par un *préfixe* et/ou un *suffixe* (lequel peut aussi indiquer la nature syntaxique du mot) ;
  • les *morphèmes* sont des marques syntaxiques qui varient en fonction de la nature du mot et de son utilisation dans l'énoncé (accords) et l'énonciation (personnes, temps, modalités...)

		base sémantique		variations morpho-syntaxiques		
préfixe	*préfixe*	*lexème*	*suffixe*			
		mont-		-er		
	re-	-mont-		-e-		-nt
	dé-	-mont-		-er-	-ai-	-t
	dé-	-mont-		-é-	-e-	-s
		mont-	-eur/euse (*nom*)			-s
		mont-	-age (*nom*)			
in-	-sur-	-mont-	-able- (*adj.*)			-s
	ana-	-chron-	-ique (*adj.*)			
		rouge-	-âtre (*adj.*)			
	in-	-direct-			-e-	-s
	in-	-direct-	-(e)ment (*adv.*)			

(rappelons que des adverbes – exemples : « ici », « hier »... –, les prépositions, les conjonctions, les interjections, sont indécomposables et invariables) ;

- que des associations de mots – appelées *locutions* – peuvent représenter des unités indécomposables assimilables à un mot unique :
- locution nominale : « pomme de terre » (= « patate »)
- locution verbale : « avoir l'air de » (= « sembler »)
- locution adverbiale : « peu à peu » (= « progressivement »)
- locution prépositionnelle, conjonctive : « par rapport à », « aussi longtemps que », « de telle manière que »

A fortiori, les mots composés (« arc-en-ciel », « portemanteau ») sont considérés comme un seul et même mot en syntaxe.

Nous résumerons que le mot :
- est la plus petite unité syntaxique de la phrase,
- est composé d'un (ex : « il ») ou plusieurs (ex : « décontextualisation ») phonèmes,
- associe des propriétés, éventuellement des composants sémantiques et morphologiques,
- est encadré, à l'écrit, par deux espaces,
- se combine avec d'autres mots pour former des groupes.

4.2. Le syntagme

Dans la phrase, le mot est généralement combiné à d'autres avec lesquels il entretient des liens étroits pour former un groupe spécifique appelé *syntagme*. Dans la phrase :

> « Mon jeune collègue de bureau a récemment acheté une maison à la campagne. »

on peut isoler deux syntagmes :
- d'une part, le nom « collègue » et les mots qui l'entourent (déterminatif, adjectif, complément du nom) ;
- d'autre part, le verbe « a acheté » et les mots qui l'entourent (adverbe, compléments d'objet et circonstanciel).

> « [1 : Mon jeune collègue de bureau] [2 : a récemment acheté une maison à la campagne.] »

On parlera ainsi de syntagme nominal (1) et de syntagme verbal (2). Par un jeu d'emboitement, le syntagme verbal peut contenir à son tour un syntagme nominal :

« ... [une vieille <u>maison</u> de pierres haute de deux étages] ... »

On désigne les syntagmes par leur constituant principal ou par le lien qui les associe à un autre syntagme :
- syntagme *nominal* : « [Le <u>collègue</u> de bureau que tu connais bien] ... »
- syntagme *verbal* : « ... [<u>a acheté</u> une maison à la campagne] ... »
- syntagme *prépositionnel* : « ... [<u>grâce à</u> un prêt important de la banque] ... »
- syntagme *adjectival* : « Jérôme est [<u>capable</u> de gros efforts pour les causes qu'il défend]. »
- syntagme *adverbial* : « ... [<u>conformément</u> à la loi qui interdit de fumer dans un lieu public]. »

Les syntagmes sont également associés à des fonctions : syntagme sujet, syntagme objet, etc. On y reviendra.

On retiendra que, contrairement à la proposition (voir ci-dessous), le syntagme n'est pas autonome et ne peut constituer à lui seul une phrase, si ce n'est de manière elliptique, par exemple en réponse à une question :

« — Quel genre de maison ton jeune collègue de bureau a-t-il achetée ?
— Une vieille maison de pierres haute de deux étages. »

4.3. La proposition

La proposition a d'abord une définition logique : il s'agit d'un énoncé qui commence par désigner un *sujet* (ou thème) et lui associe ensuite – à titre de *prédicat* – une propriété (une définition, un état, une action, une situation...), et que l'on soumet à l'approbation de l'interlocuteur. Par exemple :

« La Terre est ronde. »
« La Lune tourne-t-elle autour du Soleil ? »
« Cette maison compte trois chambres. »
« Mireille, rends-toi à Paris la semaine prochaine ! »
« J'ai la grippe depuis plusieurs jours. »

sont des propositions auxquelles on répondra par « oui » ou « non ».

La définition syntaxique de la proposition correspond à cette définition logique dans la mesure où l'on estime que la proposition doit être composée au moins d'un *sujet* (grammatical, cette fois) et d'un *verbe conjugué* (le prédicat, accompagné ou non de compléments). Le verbe conjugué – qui atteste d'une prise en charge personnelle et d'un ancrage temporel – réalise l'acte de langage que représente l'énonciation de la proposition logique.

On verra cependant plus loin que des verbes aux modes infinitif ou participe peuvent parfois constituer aussi la base d'une proposition, avec des compléments et même un sujet propre :

> « Les fenêtres <u>laissées</u> constamment ouvertes à cause de la chaleur, j'ai entendu tout l'été mon voisin <u>chanter</u> les vieilles rengaines de la Belle Époque en <u>s'accompagnant</u> de son piano désaccordé. »

Une proposition est dite *autonome* quand elle forme à elle seule une phrase en tant que proposition *indépendante* :

> « <u>Mon collègue de bureau a acheté une maison à la campagne.</u> »

mais elle peut aussi être combinée à d'autres propositions dans la même phrase, avec différents statuts possibles :

coordonnée	« <u>Mon collègue de bureau a acheté une maison à la campagne</u> **et/car** <u>il veut y élever des chèvres.</u> »
principale	« <u>Mon collègue de bureau a acheté une maison à la campagne</u> **parce qu**'il veut élever des chèvres. »
subordonnée	« Le collègue **avec qui** <u>je partage mon bureau</u> a acheté une maison à la campagne **parce qu**'il veut élever des chèvres. »
incise	« Mon collègue de bureau, <u>**m'a-t-il dit**</u>, a acheté une maison à la campagne. »

4.4. La phrase

La phrase est l'unité de base de la grammaire traditionnelle et de la linguistique structurale qui se sont employées à décrire son fonctionnement, comme de la psycholinguistique qui l'envisage comme le paradigme de la production et de la compréhension du langage. Plus particulièrement, la grammaire structurale a arrêté son analyse à la phrase prise comme modèle et matrice du fonctionnement de la langue dans son ensemble, ainsi que de chacune de ses manifestations. Les structuralistes estimaient que toutes productions verbales correspondent à des variantes, à des successions ou à des expansions de la phrase sans constituer de nouvelles unités ni présenter d'autres modes de fonctionnement (y compris l'œuvre littéraire). Cette conception phrastique de la langue a ensuite été remise en cause par de nouvelles perspectives, plus variées, plus larges, plus contextualisées, ainsi que par l'intérêt dont ont bénéficié le texte et le discours que l'on a considérés à leur tour comme des unités à part entière, d'un autre niveau que celui de la phrase. On a d'ailleurs conçu des syntaxes ou des grammaires du texte et du discours.

Comme déjà signalé, la syntaxe structurale analyse théoriquement le fonctionnement de cette phrase hors contexte. Si on s'en tient à ce cadre, la définition de la phrase reste singulièrement problématique. *Sur le plan graphique*, on a pu décrire la phrase comme une succession de mots entre la majuscule initiale et le point final (mais il faut aussi compter sur de nombreuses autres utilisations de la majuscule et du point *dans* la phrase) ; et *sur le plan phonétique*, à l'oral, comme une unité mélodique entre deux pauses (mais avec de nombreuses variantes). *Sur le plan sémantique*, la phrase ne constitue pas toujours une unité de sens cohérente et complète comme on pourrait le croire ; par exemple dans le cas d'une question, forcément lacunaire. On a aussi donné une explication *logique* de la phrase – confondue à la proposition (voir ci-dessus) – qui associerait un sujet (un thème) et un prédicat, mais ces deux pôles sont parfois combinés en un seul mot (par exemple : « Dehors ! »). Même *sur le plan syntaxique* stricto sensu, ne peut satisfaire la définition de la phrase comme une suite de mots indépendante, ordonnée, hiérarchisée, organisée autour d'un verbe conjugué, compte tenu de la fréquence de phrases averbales ou elliptiques, surtout à l'oral.

Si ces différentes explications sont pertinentes, aucune ne fait à elle seule l'unanimité. Au contraire, la *définition pragmatique*, qui associe et dépasse les précédentes, caractérise radicalement la phrase en tant qu'unité de communication correspondant à un acte de langage, issue de l'association d'un énoncé et d'une énonciation. L'*énoncé* représente les propos échangés, prononcés ou écrits, tandis que l'*énonciation* désigne les conditions qui ont suscité cet échange linguistique, c'est-à-dire un locuteur déterminé qui, dans une situation déterminée, a interagi avec un ou plusieurs interlocuteurs déterminés en vue de la réalisation d'intentions déterminées.

Par exemple :

« Je vous demande de respecter le silence ! »

est une phrase puisqu'elle représente et réalise une injonction de la part de l'énonciateur à l'adresse d'un interlocuteur dans un contexte donné et dans un but précis. Pour les mêmes raisons :

« Silence ! »

est également une phrase, réduite à sa plus simple expression, qui accomplit exactement le même acte de langage mais sans recourir à un verbe conjugué.

On conclura donc en résumant qu'une phrase...
- est la plus grande unité syntaxique ;
- est encadrée, à l'écrit, par une majuscule initiale et un point final ; à l'oral, par deux pauses ;
- est constituée d'un (« Sortez ! ») ou plusieurs mots (« Je veux que vous sortiez ! ») ;
- compose un ensemble structuré, autonome et complet ;
- est généralement organisée autour d'un verbe conjugué ;
- représente en tout cas un acte de langage.

4.4.1. Types de phrases

Compte tenu de cette définition pragmatique, il est possible de considérer et de cataloguer les phrases selon les différents actes de langage qu'elles permettent d'accomplir. On reconnaît généralement à la langue française des structures distinctes pour poser, dans une situation d'énonciation donnée, quatre types d'actions sur l'interlocuteur.

	types		acte posé par le locuteur	réaction attendue de l'interlocuteur
A.	affirmation	« Roger vient demain. »	constater, déclarer, annoncer	approuver (tacitement) ou contester
B.	interrogation	« Roger vient-il demain ? », « Est-ce que Roger vient demain ? »	questionner	répondre
C.	injonction	« Viens demain ! »	ordonner, souhaiter	obtempérer, exécuter, refuser
D.	exclamation	« Quoi ! Roger vient demain !!! »	s'étonner, susciter l'attention	partager la même émotion (s'associer ou s'opposer)

Les actes de langage que l'on peut accomplir sont beaucoup plus nombreux et variés (promettre, menacer, conseiller, émouvoir, concéder, ironiser, déplorer, plaisanter...), mais la langue française n'a prévu des structures caractéristiques que pour les affirmations, les interrogations, les injonctions et les exclamations. En attestent les signes de ponctuation spécifiques que sont le point d'interrogation et le point d'exclamation. Au XIXe siècle, un certain Marcellin Jobard avait proposé le point d'ironie, mais sans succès.

Il arrive que ces quatre actes de langage soient proches l'un de l'autre au point de se combiner ou de se confondre, en particulier l'interrogation et l'exclamation (« Tu t'en vas !?! »). La question rhétorique n'est d'ailleurs qu'une affirmation détournée (« N'ai-je pas raison ? »). Une affirmation (« On ne fume pas dans cette salle. ») ou une interrogation (« Pourriez-vous ne pas fumer dans cette salle ? ») peuvent servir d'injonctions indirectes. À l'oral, notons que l'intonation à elle seule peut distinguer les différents actes de langage, sans marques syntaxiques : « Nora vient. [\] », « Nora vient ? [/] », « Nora [/], viens ! [\\] », « Nora vient !!! [//] »

Comme on vient de le signaler, un verbe conjugué n'est pas nécessaire pour réaliser l'acte de langage, donc constituer une phrase ; seul peut suffire un « Silence ! », un « Quoi ? » ou un « Bravo ! »

4.4.2. Formes de phrases

Parallèlement au choix – sur le plan de l'énonciation – de l'acte de langage qu'il posera au moyen de la phrase qu'il est sur le point de produire (écrire ou prononcer), le locuteur doit choisir aussi la manière de formuler cet acte de langage – sur le plan de l'énoncé. Nous appellerons ici *formes* de phrase des distinctions que des grammaires appellent parfois autrement (voix, modes...) et placent dans différents chapitres.

Aussi au nombre de quatre, ces *formes* se présentent quant à elles en termes d'alternatives.

1.	a) soit forme *positive*	« Les souris aiment le fromage. »
	b) soit forme *négative*	« Les souris ne détestent pas le fromage. »
2.	a) soit forme *active*	« Les souris ont mangé le fromage. »
	b) soit forme *passive*	« Le fromage a été mangé par les souris. »
3.	a) soit forme *neutre*	« Les souris ont mangé le fromage. »
	b) soit forme *emphatique*	« Ce sont les souris qui ont mangé le fromage. » « Les souris, elles, l'ont mangé, le fromage. »
4.	a) soit forme *personnelle*	« Le fromage a disparu. »
	b) soit forme *impersonnelle*	« Il n'y a plus de fromage. »

Toute phrase relève donc d'un *type* (parmi les quatre options) et d'une *forme* (une option pour chacune des quatre alternatives), étant entendu que la distinction des *types* de phrases et celle des *formes* de phrases sont indépendantes l'une de l'autre : le choix de la *forme* ne modifie pas l'acte de langage posé, et tout *type* de phrase peut se présenter sous différentes formes.

Par exemple, l'injonction :

« Offrons des fleurs à Marie ! »,

formulée ici sous *formes positive, active, neutre, personnelle*, peut être déclinée sous d'autres *formes* tout en restant une injonction :

		formes		
« N'offrons pas de livre à Marie ! »	**négative**	active	neutre	personnelle
« Que les fleurs soient offertes à Marie ! »	positive	**passive**	neutre	personnelle
« À Marie, offrons-lui des fleurs ! » ; « Les fleurs, offrons-les à Marie ! »	positive	active	**emphatique**	personnelle
« Il faut offrir des fleurs à Marie ! »	positive	active	neutre	**impersonnelle**

Il n'importe pas ici que le sens de la phrase soit le même ou que tous les cas soient tout le temps possibles. Il est clair que l'on rencontrera plus volontiers la forme emphatique avec le type exclamatif (« Quoi ! C'est Jordan qui vient, ici, lui !!! »), et qu'avec le type injonctif, sont exceptionnelles la forme passive (« Sois vu par le médecin dès que possible ! ») et la forme impersonnelle (seulement à la troisième personne : « Qu'il pleuve bientôt ! »). Il s'agit seulement d'indiquer ici les alternatives qui se présentent ou plutôt s'imposent – puisqu'il doit forcément choisir une forme ou l'autre – au locuteur quand il se prépare à formuler une phrase.

Ainsi, la phrase :

« De pareils accidents, il n'en arrive pas souvent. »

sera ainsi analysée :

type	*formes*			
affirmation	négative	active	emphatique	impersonnelle

On pourra en modifier le *type* sans modifier les *formes*, par exemple :

- transformer l'affirmation en question : « De pareils accidents, n'en arrive-t-il pas souvent ? »
- ou en injonction : « De pareils accidents, qu'il n'en arrive plus aussi souvent ! »

On pourra parallèlement faire varier les *formes* sans modifier le *type* affirmatif :

	formes			
« De pareils accident n'arrivent pas souvent. »	négative	active	neutre	personnelle
« De pareils accidents sont souvent provoqués par des chauffards. »	positive	passive	neutre	personnelle
« Ces accidents, ils s'expliquent souvent par l'excès de vitesse. »	positive	passive (réfléchi à sens passif = « on les explique »)	emphatique	personnelle
Etc.				

4.4.3. Complexité de la phrase

La troisième analyse préalable de la phrase portera sur son degré de complexité, qu'on établit en fonction du nombre de propositions qui la constituent et, le cas échéant, des rapports que ces propositions entretiennent entre elles. On commencera pour cela par compter les verbes conjugués, puisque chacun est – théoriquement – le centre d'une proposition.

4.4.3.1. *Phrases simples*

« Catherine viendra demain pour le repas. »

est une phrase simple qui ne comporte qu'une seule proposition. De même que

« Catherine viendra demain pour manger. »

puisque le verbe « manger » n'est pas conjugué et que « pour manger » reste l'équivalent d'un complément.

4.4.3.2. Phrases composées

Les phrases composées comportent deux ou plusieurs propositions syntaxiquement indépendantes l'une de l'autre.

- La phrase peut être composée de propositions seulement *juxtaposées*, séparées par une virgule ou un point-virgule.

> « Catherine a accepté l'invitation ; elle viendra demain pour manger. »
>
> « Catherine viendra demain, Marielle (viendra) mardi. »

- Les deux propositions peuvent aussi être *coordonnées*, reliées par une conjonction de coordination :

> « Catherine viendra demain **et/ou/mais/car/donc/or** Marielle viendra mardi. »

Quand elle n'est pas assurée par « et », « ni », « ou », la coordination ressemble beaucoup à une subordination puisqu'elle établit un lien logique entre les deux propositions. D'ailleurs, les conjonctions de coordination « mais » et « car » sont respectivement commutables avec les conjonctions de subordination « alors que » et « parce que » sans provoquer d'autres changements. La conjonction de coordination « or » entraine généralement une troisième proposition qui représente la conclusion logique des deux premières pour former un syllogisme :

> « Catherine vient tous les mardis, **or** nous sommes aujourd'hui mardi, **donc** Catherine devrait bientôt arriver. »

4.4.3.3. Phrases complexes

> « Catherine, **que** nous n'avons plus vue depuis longtemps, viendra demain **puisqu'**elle a été invitée au repas. »

est une phrase complexe composée de trois propositions chacune avec son verbe conjugué : la proposition principale « Catherine viendra demain » et deux propositions subordonnées.
– La première (« que nous n'avons plus vue depuis longtemps ») complète le nom « Catherine » ;
– la seconde (« puisqu'elle a été invitée au repas ») complète la proposition principale.

Les propositions subordonnées sont ici effaçables, mais ce n'est pas toujours le cas. Si on supprimait la proposition subordonnée de la phrase suivante, elle deviendrait incomplète :

« Catherine demande que son frère aussi puisse participer au repas. »

CHAPITRE CINQ

Les natures

5.1. Nature et fonction

Dès leurs premières leçons de français, les jeunes écoliers sont appelés à considérer que les mots qu'ils apprennent à écrire et à analyser ont chacun une double face : leur nature et leur fonction. La dualité *nature-fonction*, à force d'être invoquée et exercée systématiquement pendant toute la scolarité, va devenir une manière de concevoir non seulement le mot et la langue, mais probablement aussi le monde que la langue permet de décrire. Tout y aurait une nature et une fonction qui correspondent respectivement aux deux questions fondamentales que pose spontanément un enfant devant toute nouvelle chose qu'il découvre : « Qu'est-ce que c'est ? » et « À quoi ça sert ? »

En fait, cette opposition ne va pas de soi en langue et cause de nombreux problèmes aux grammairiens, au point que certains d'entre eux y renoncent maintenant. Par principe, la nature des mots – qui relève de la problématique des *parties du discours* pour les linguistes – devrait être absolue et leur fonction relative. Un mot appartiendrait à la classe des noms, des adverbes, des pronoms quelles que soient les fonctions qu'il peut tenir dans l'organisation d'une phrase (sujet, prédicat, complément...). C'est donc l'ensemble des mots de la même classe qui détermine la nature de l'un d'entre eux : « pomme » est un nom au même

titre qu'« immeuble », « nuit », « bonheur », « caillou », « pays », « oubli »... ; mais c'est l'ensemble des différents mots de la même phrase et leurs rapports qui déterminent sa fonction :
- tantôt sujet : « La <u>pomme</u> est sur la table. » ;
- tantôt objet : « L'enfant donne une <u>pomme</u> à sa sœur. » ;
- tantôt complément : « Nous aimons la compote de <u>pommes</u>. » ;
- etc.

La formation des classes des mots dépend de leur même nature, tandis que la formation des phrases dépend de leurs différentes fonctions. Selon le tableau présenté plus haut au chapitre trois, la nature est d'ordre paradigmatique et la fonction d'ordre syntagmatique.

Mais les définitions des différentes natures et des différentes fonctions sont souvent sujettes à caution : un même mot peut relever de natures différentes, en changer, et sa fonction dans une phrase rester équivoque. Pire, la distinction même entre nature et fonction est incertaine : les statuts de verbe, d'adverbe, de préposition peuvent être considérés à la fois comme natures et fonctions. Comme nous le verrons, faute de critères clairs et fiables, on est obligé de recourir à des indices de différents ordres (syntaxiques, morphologiques, sémantiques, logiques, pragmatiques) pour expliquer autant que possible la nature et la fonction d'un mot. Bref, on n'est pas plus sûr de la nature de la *Nature* que de la fonction de la *Fonction*, ces distinctions et explications – répétons-le – n'étant que des représentations théoriques toujours discutables que les linguistes construisent plus ou moins systématiquement à partir de leur analyse de l'infinité et de la diversité des phrases que produit tout usager.

Malgré les intéressants débats scientifiques qu'elle suscite mais dont nous ferons ici l'économie, l'opposition *nature-fonction* garde une pertinence méthodologique et une utilité pédagogique indéniables ; nous continuerons donc à y recourir en la nuançant à chaque occasion. Les grammaires qui ont contesté et supprimé cette opposition – avec d'excellentes raisons pour le faire, insistons bien – ont parfois créé plus de confusion que de lumière pour la compréhension générale de la construction syntaxique par les non-spécialistes.

5.2. L'identification de la nature des mots

La nature d'un mot est l'identité qu'on lui reconnait et le classement qu'on en fait grâce à un ensemble de caractéristiques et/ou de propriétés communes à d'autres mots de la langue. Plus simplement, la définition la plus courante de la nature d'un mot est la catégorie grammaticale à laquelle il appartient. Déjà dans l'Antiquité grecque, et peut-être auparavant, les érudits découpaient la langue en différents constituants – les mots – qu'ils se sont mis à distinguer et à classer comme nous le faisons toujours actuellement, selon des catégories et des critères qui ressemblent beaucoup aux nôtres. Sans faire de linguistique historique, on trouvera tout de même remarquable que, dans sa longue évolution vers plus d'efficacité, la langue ait généré spontanément ces différentes classes de mots pour tenir des fonctions toujours plus variées et précises dans un système linguistique de plus en plus complexe. Un peu de la même manière qu'un organisme vivant qui a évolué en se diversifiant et se spécialisant.

Même si, pour le système linguistique aussi, c'est probablement la fonction qui a créé l'organe chargé de l'assurer, nous commencerons par questionner la nature des mots.

5.2.1. Les critères

Nous avons déjà fait observer que les critères invoqués pour reconnaitre la nature des mots ne sont pas systématiques et qu'il faut en associer plusieurs pour classer un mot dans une ou l'autre catégorie grammaticale... sans toujours y parvenir avec certitude. En fait, la langue est plus riche et plus libre que l'analyse à laquelle les linguistes souhaitent la soumettre, ce dont on peut se réjouir. Voyons tout de même comment procéder pour identifier la nature d'un mot sans recourir encore à l'usage que l'on en fait dans la phrase.

5.2.1.1. *Critère typographique*

Alors qu'en allemand la classe des noms est reconnaissable par leur majuscule, le français n'utilise ce signe typographique

que pour marquer le nom propre (comparer : « le français » = la langue ; « le Français » = la personne ; « le citoyen français » = adjectif) ou certains usages spécifiques du nom commun (« la Terre », « l'État », « l'Homme », « l'Église »...). Autre marque typographique, le point d'exclamation signale à l'écrit l'interjection (« Oh ! ») de la même manière que l'injonction ou l'exclamation.

5.2.1.2. *Critère morphologique*

Il n'y a pas en français de préfixe qui permettrait de marquer la nature d'un mot, mais bien des suffixes caractéristiques. Le mieux connu est le suffixe « -(e)ment » ajouté à un adjectif pour en faire un adverbe (« docile » → « docilement »), parfois à un nom (« vachement », après passage par le statut d'adjectif). À noter que certains adverbes (*originels*) n'ont pas ce suffixe spécifique (« vite »), que certains adjectifs n'acceptent pas cette suffixation adverbiale (« mobile ») et que des mots se terminant en « -ment » ne sont pas adverbes, mais noms (« mo<u>ment</u> »), verbes (« il dé<u>ment </u>»), ou adjectifs (« véhé<u>ment</u> »).

Plusieurs suffixes, variables ceux-là,
- désignent le nom (« -ité », ex. : « l'intégrité » ; « -ude », ex. : « la similitude », « -tion », ex. : « une tradition » ; « -esse », ex. : « la largesse » ; « -eur », ex. : « la candeur » ; etc.)
- et d'autres suffixes désignent l'adjectif (« -el », ex. : « naturel » ; « -ier », ex. : « familier » ; « -able », ex. : « durable » ; « -ique », ex. : « cubique » ; etc.).

Il existe aussi de nombreux suffixes verbaux qui servent à en modifier le sens (« voler » → « voleter » ; « discuter » → « discutailler » ; « trotter » → « trottiner » ; etc.).

Pour terminer, on mentionnera – avant d'y revenir plus loin – les différences orthographiques qui distinguent les adjectifs tels « intrigant », « différent », « négligent », « convaincant », et les participes présents correspondants : « intriguant », « différant », « négligeant », « convainquant ».

5.2.1.3. *Critère variationnel*

Une des distinctions les plus simples à établir est celle entre les mots *invariables* – quels que soient leur position et leur fonction – et les mots *variables*. Sont invariables les cinq catégories de mots suivantes : les adverbes (avec ou sans suffixe), les prépositions, les conjonctions, les interjections, les introducteurs. Notons en passant que certains autres mots utilisés adverbialement peuvent cependant s'accorder : « les fenêtres grandes ouvertes », « de toutes petites contrariétés », « elle se tient droite ».

Les mots des cinq autres catégories – les noms, les déterminatifs, les adjectifs, les pronoms et les verbes – sont comparables sur ce point qu'ils varient, c'est-à-dire que leur terminaison finale, voire leur forme complète pour certains déterminatifs, pronoms et verbes, sont configurées compte tenu...
- de facteurs contextuels, extralinguistiques (la personne, la chose, le concept, les circonstances désignés ou évoqués) ;
- et/ou d'éléments co-textuels, linguistiques (accords avec d'autres mots précédents ou suivants).

Ce second type de variation, propre au fonctionnement du langage, crée une redondance qui permet de créer des groupes, éventuellement d'éviter des malentendus (« Il a souffert de son amour pour cette femme complètement fou/folle. » ; « Elle porte un pantalon et une veste blanche/blancs. »), et qui participe à la cohérence du système de la phrase.

Par ailleurs, les différents mots variables ne varient pas pour les mêmes raisons ni dans les mêmes conditions. Il faut en outre rappeler que les variations ne sont pas pareillement perceptibles à l'oral et/ou à l'écrit : on *entend* la différence entre « canal » et « canaux », mais on ne peut que *lire* celle entre « festival » et « festivals ». On a aussi déjà dit que les marques ne correspondent pas à l'écrit et à l'oral : quand le féminin demande un « e » supplémentaire à l'écrit, l'oral ajoutera un [t] (« verTe »), ou un [z] « griSe », ou un [r] « entièRe », etc.

Nous passerons rapidement en revue les types de variations qui caractérisent les différentes catégories, en renvoyant aux grammaires pour le détail de ces variations, les cas particuliers et les exceptions.
- Les noms communs varient en nombre (masculin/pluriel) et en genre (masculin/féminin). Le genre grammatical de ces noms est généralement arbitraire, comme le prouvent les différences entre des langues pourtant proches (« le soleil », « la lune », « le sable », « la mer », mais « die Sonne », « der Mond », « la sabbia », « il mare »). Il arrive d'autre part que le nom varie selon le genre de son référent animé (« la secrétaire »/« le secré-

taire »), mais aussi qu'il reste indépendant (« une personne », « une victime », « un individu », indifféremment pour un homme ou une femme).

- Les adjectifs varient en genre et en nombre comme le nom auquel ils se rapportent, sauf certains adjectifs de couleur (« ses yeux marron », « ses yeux bleu foncé »).
- Les déterminatifs varient également en genre et en nombre comme le nom auquel ils se rapportent, mais aussi en personne (première, deuxième ou troisième) pour le déterminatif possessif (« mon/ma/mes », « son/sa/ses », « notre/nos », « leur/leurs », etc.). À titre de comparaison, rappelons que le genre de ce déterminatif possessif s'accorde avec celui de l'objet possédé et non celui du possesseur comme en anglais (« his/ her umbrella ») où les noms communs n'ont pas de genre grammatical.
- Les pronoms varient en personne, en genre, en nombre au même titre que les noms auxquels ils se substituent, ou la personne, la chose, le concept, les circonstances qu'ils représentent. Dernières traces de la déclinaison latine, les pronoms personnels (« il »/« le »/« lui », etc.) et relatifs (« qui »/« que »/« dont », etc.) ont également la particularité de varier selon leur fonction.
- Pour des raisons syntaxiques et pragmatiques que nous expliquerons plus loin, le verbe est la catégorie grammaticale qui connait le plus de modifications morphologiques, ce qu'on appelle précisément la conjugaison. D'une part, il varie en personne et en nombre en rapport avec son sujet, et son participe passé – selon l'auxiliaire utilisé – varie en genre et en nombre avec le sujet ou le complément d'objet direct antéposé. D'autre part, en rapport avec la réalité énoncée ou le cadre de l'énonciation, le verbe conjugué varie...
  - en temps (« il vécut »/« il vit »/« il vivra »),
  - en mode (« il vit »/« qu'il vive »/« il vivrait »)
  - et en aspect (« il vécut »/« il a vécu »/« il vivait »),

trois dimensions qui seront présentées au chapitre six.

Ce qui donne ce tableau des variations possibles des catégories grammaticales :

	nombre	genre	personne	fonction	temps	mode	aspect
nom	X	X					
adjectif	X	X					
déterminatif	X	X	(X)				
pronom	X	X	X	X			
verbe	X	(X)	X		X	X	X

5.2.1.4. Critère sémantique, logique, pragmatique

On l'a dit, la signification des mots ne devrait pas avoir sa place dans une syntaxe qui n'envisage que les mécanismes de la langue. De toute manière, ce biais – pourtant longtemps utilisé en grammaire – ne peut donner satisfaction : le nom ne signifie, ni le verbe n'exprime, ceci ou cela. En revanche, sur le plan logique, déjà abordé, le nom permet bien de *nommer*, c'est-à-dire de désigner un objet du monde (personne, chose, concept, phénomène...), de lui donner une existence intellectuelle (une substance, cf. *substantif*) ; et le verbe, une fois conjugué (prédicat), associe cet objet à des propriétés, à d'autres objets, à un évènement particuliers. Par ailleurs, au niveau pragmatique, le prédicat crée l'acte de langage, avons-nous déjà vu, en combinant – par ses dimensions personnelles, temporelles, modales, aspectuelles – un sujet-énonciateur, un sujet-interlocuteur et le monde. Le déterminant partage avec le prédicat ce rôle pragmatique d'articuler le langage (« chien » dans l'absolu) au monde (« *le/ce/mon* chien » dans la réalité, même fictionnelle).

Pour terminer, signalons la nature particulière de l'interjection qui se trouve parfois à la limite du cri (« Ah ! ») et du mot (« Hélas ! »), ce qui n'a pas été sans interpeller les grammairiens.

Les autres propriétés qui permettent de caractériser les natures différentes des mots ne sont plus intrinsèques comme celles qui viennent d'être répertoriées, mais dépendent déjà de l'utilisation de ces mots dans la phrase.

5.2.1.5. Critère positionnel, distributionnel

Nous avons déjà évoqué les critères de mobilité et de compatibilité au chapitre trois. On peut estimer que l'indépendance de l'adverbe, qui peut être déplacé librement dans la phrase, relève de sa nature, comme relève de la nature du déterminatif et du nom, que l'on trouve rarement loin l'un de l'autre, et encore moins l'un sans l'autre, d'être inévitablement liés. Comme leur nom même l'indique, la préposition et la conjonction se caractérisent aussi par leur position par rapport à d'autres mots dont elles sont indissociables.

D'une manière générale, les structuralistes – qui rejetaient l'idée d'une nature immanente aux mots – ont établi leurs différences et leurs classements uniquement sur base de la distribution de ces mots dans la phrase. Par commutations successives, sans s'interroger sur leurs significations et propriétés, ils ont classé tous les mots qui peuvent prendre la place l'un de l'autre dans la même phrase. Ce qu'ils ont représenté dans une boite dite *de Hockett* :

déterminant	adjectif	nom	préposition	nom	verbe	adverbe	déterminant	nom
Cette	efficace	cheffe	de	service	donne	vite	ses	ordres.
Notre	vieux	maitre	d'	école	explique	bien	cette	leçon.
Les	bonnes	consignes	de	sécurité	prévoient	aussi	la	fermeture.
Un	aimable	contrôleur	de	train	demande	poliment	les	tickets.
Tout	nouveau	problème	de	santé	réclame	en effet	leur	attention.
etc.								

Les natures

Les catégories paradigmatiques ainsi obtenues formellement correspondent à quelques détails près aux natures-catégories grammaticales établies depuis l'Antiquité. Il est intéressant que ces deux approches, à partir de points de vue diamétralement opposés, aboutissent à une nomenclature assez similaire.

5.2.1.6. *Critère fonctionnel*

Pour mémoire, rappelons que la reconnaissance de la nature d'un mot, y compris son appellation (adjectif, déterminatif, conjonction), est difficilement dissociable de ses fonctions habituelles dans la phrase.

5.2.2. Les natures multiples et les transferts de nature

Nous ne reviendrons pas sur l'exemple canonique du mot « tout » passepartout auquel on peut attribuer pas moins de quatre natures différentes : nom (« le tout »), pronom (« tout va bien »), déterminatif (« tout individu ») et adverbe (« tout petit »). Nous insisterons en revanche sur la flexibilité des mots et la perméabilité des nomenclatures qui permettent à la langue d'évoluer au bénéfice de l'efficacité de la communication et de l'expressivité des locuteurs, ou de leur facilité.

C'est en donnant de nouveaux rôles aux mots dans la phrase que leur statut change et qu'ils passent d'une catégorie grammaticale à l'autre, qu'ils changent donc de nature ou les multiplient. Ces transferts peuvent être anciens et ont alors été entérinés par le dictionnaire, d'autres sont en cours sans que l'on puisse présager de leur stabilité et pérennité. Ces quelques exemples démontreront combien ce phénomène est multiple et varié, et la langue créative :

nature originelle	→ natures secondes	
nom	→ adjectif	« une chouette expérience »
	→ adverbe	« on n'y voit goutte » (= pas une goutte)
	→ locution prépositive	« à cause de »
	→ interjection	« Chapeau ! »
adjectif	→ nom	« le vrai »
	→ locution verbale	« avoir beau »
	→ adverbe	« il chante faux », « grand ouvert », « ça coute cher »
	→ interjection	« Bon ! »
pronom	→ nom	« un rien », « le moi »
	→ interjection	« Ça alors ! »
verbe	→ nom	« le diner », « les manifestants », « les détenus »
	→ adjectif	« un citoyen militant »
	→ conjonction	« attendu que »
	→ interjection	« Allons ! »
adverbe	→ nom	« Demain est un autre jour. », « prendre le dessus »
	→ adjectif	« un type bien », « ce gars est trop ! »
	→ locution conjonctive	« quand bien même »
	→ interjection	« Jamais ! »
préposition	→ nom	« les avants (d'une équipe de football) », « sur son derrière »
	→ adjectif	« un argument pour (= favorable) »
	→ adverbe	« Nous irons avec. » (= ensemble) »
interjection	→ nom	« un ouf de soulagement »
	→ adjectif	« la bof génération »

La translation d'une catégorie à l'autre peut être double :
nom : « L'orange est dans le panier. »
→ *adjectif* : « Elle porte une robe orange »
→ *nom* : « L'orange convient à son teint. »

Plusieurs de ces changements de nature – occasionnels ou durables – peuvent s'expliquer en invoquant le procédé de l'ellipse, plus facile et économique. Plutôt que de dire « Sa robe est de la même couleur que l'orange. », on a raccourci : « Sa robe est orange. » On abrège de même : « Le ~~fait de~~ sourire » ; « nous irons avec ~~vous~~ » ; « les ~~individus qui sont~~ détenus », « un type ~~qui se comporte~~ bien », « ~~Quand nous serons~~ demain ça sera un autre jour. »,... L'ellipse peut aussi justifier qu'un nom (« ~~Prenez~~ La porte ! ») ou un adverbe (« ~~Allez~~ Dehors ! ») puissent assurer seuls la fonction de prédicat et réaliser l'acte de parole qui définit la phrase.

5.3. Les différentes natures

	natures	types ou classements
MOTS VARIABLES	nom	– masculin/féminin – commun/propre – animé/non animé – dénombrable/massif – individuel/collectif

	verbe	– lexical/grammatical
		  • lexical
		  • copule
		  • auxiliaire
		  • semi-auxiliaire
		– personnel/impersonnel
		  • uniquement impersonnel
		  • généralement impersonnel
		  • occasionnellement impersonnel
		– pronominal
		  • lexicalisé
		  • réfléchi
		  • réciproque
		  • passif
		– intransitif/transitif
		  • intransitif
		  • transitif direct
		  • transitif indirect
		  • transitif double

	déterminatif	article, démonstratif, possessif, interrogatif, exclamatif, numéral, indéfini
	adjectif	– qualificatif – relationnel
	pronom	personnel, démonstratif, possessif, relatifs, indéfini, interrogatif

Les natures

MOTS INVARIABLES	adverbe	
	préposition	
	conjonction	
	introducteur	
	interjection	

5.3.1. Nom

Le nom (ou substantif) est le mot par excellence. C'est d'abord aux noms que l'on pense quand on envisage le lexique d'une langue, à l'apprentissage qu'en fait un enfant ou un étranger. Donner un nom ne consiste pas seulement à désigner un objet du monde réel ou abstrait (personne, chose, évènement, phénomène, sentiment, idée...), mais aussi à lui donner une identité et entité conceptuelles. Le mot crée ce qu'il nomme. Un nom peut aussi poser à lui seul un acte de langage, quand par exemple on se limite à dire « ~~voici qu'arrive la~~ Police ! », « ~~je veux le~~ Silence ! » ou « ~~je demande~~ Pardon ! »

Les noms d'une langue peuvent être classés de nombreuses manières, mais seules quelques sous-catégories sont utiles en syntaxe pour expliquer les différentes propriétés grammaticales des noms concernés.

5.3.1.1. Noms masculins ou féminins

On a déjà précisé la différence entre le genre grammatical des noms communs (généralement arbitraire) et le genre référentiel de certains d'entre eux (motivé par le sexe de la personne, éventuellement de l'animal concerné), ainsi que les curieuses discordances qu'il peut y avoir entre les deux (« *un* homme est *une* personne », « *une* femme est *un* individu »). L'un ou l'autre type de genre du nom conditionne l'accord des déterminatifs, des adjectifs, des pronoms, éventuellement des participes passés. Selon la grammaire, le genre masculin – en tant que genre neutre – synthétise l'accord quand des noms des deux genres sont en présence. L'écriture inclusive propose de juxtaposer les marques du masculin et du féminin quand il est question de personnes de genres différents : « les nouveaux. elles étudiant.e.s ».

5.3.1.2. Noms communs ou noms propres

Les noms propres, qui n'ont en principe pas de signification (ou de définition : qu'est-ce qu'un « Philippe » et une « Christine » ?), ne valent en principe que pour une personne ou un objet unique, même si les Philippe et les Christine ne manquent pas. Signalons que beaucoup de noms propres ont d'abord été des noms communs (« la famille Du-pont »), et que des noms propres peuvent devenir des noms communs (« la poubelle », « un tartuffe »). Les noms propres sont marqués par une majuscule et ne sont généralement pas accompagnés de déterminatifs (sauf quelques usages particuliers : « mon Pierrot », « la douce Marie »…).

5.3.1.3. Noms animés ou non animés

Les noms animés renvoient à des personnes ou à des animaux, ou à des objets ou concepts personnalisés (« la France », « la Beauté »…). Ce caractère du nom détermine le choix des pronoms personnels (« Il pense à elle (= sa sœur). »/« Il y pense (= à son projet). ») et interrogatifs (« À qui penses-tu ? »/« À quoi penses-tu ? » ; « Qui veut-il ? »/« Que veut-il ? »).

5.3.1.4. Noms dénombrables ou noms massifs

Les noms massifs (« sable », « amour », « temps »…) requièrent un article partitif (« du temps ») ou un quantifieur (« un peu/ beaucoup de temps »). Ils déterminent en conséquence le choix du pronom : « Le livre, l'as-tu ? »/« Du temps, en as-tu ? ». Un nom peut être envisagé tantôt comme massif (« Il mange du pain à chaque repas. », « Il a reçu de l'argent. ») et dénombrable, à la suite d'une ellipse (« J'ai acheté deux ~~boules de~~ pains dans cette boulangerie. », « Rends-moi ~~la somme d'~~ l'argent que je t'ai prêté ! »)

5.3.1.5. Noms individuels ou noms collectifs

Les noms collectifs (« une foule », « une suite », « la moitié », « la majorité », « la plupart » …) peuvent induire un accord pluriel selon le sens : « Une multitude d'individus se sont présentés au test. La plupart ont réussi. »

5.3.2. Verbe

Nous optons pour le terme *verbe* quand il s'agit de la nature du mot, et *prédicat* quand il s'agit de la fonction que ce mot assure dans la phrase, principalement quand il est conjugué.

Le verbe également a une valeur emblématique ; il symbolise la parole et serait à l'origine de la création selon la Bible. Pour en rester à la grammaire, il est cependant difficile, voire impossible de définir le verbe indépendamment de ses fonctions syntaxiques et pragmatiques déjà mentionnées que nous approfondirons dans le prochain chapitre. Selon les grammaires traditionnelles, le verbe exprime une action (exercée ou subie) ou un état (des propriétés, des transformations) du sujet auquel il est indissociablement lié. Cette définition ne convient cependant pas dans tous les cas, et pourrait convenir à des mots d'autres natures. Somme toute, le verbe en tant que tel se reconnaît surtout par les multiples variations dont il est susceptible (la conjugaison).

Les verbes peuvent cependant être classés en différentes sous-catégories :

a) Verbes lexicaux ou grammaticaux

Les verbes, comme tous les mots, ont une composante lexicale et grammaticale, mais dans des proportions variées selon les cas. On peut ainsi définir quatre sous-catégories de verbes.

– **Les verbes lexicaux** sont employés pour leur signification :

« Roberto mange une pizza. »

– **Les verbes copules** (« être », « paraître », « sembler », « devenir », « avoir l'air », « passer pour », « tomber ») servent syntaxiquement à attribuer une qualité (nom ou adjectif) au sujet :

« Roberto est un Italien/italien. »

Parmi les verbes cités ci-dessus, on notera que « sembler », « paraître », « avoir l'air de »… peuvent également être suivis d'un infinitif (« Il semble s'approcher », « Elle a l'air de s'intéresser »). Dans ce cas, ils ne sont pas considérés comme verbes copules, mais plutôt comme semi-auxiliaires (voir ci-dessous).

Les verbes « estimer », « juger », « croire », « penser », « rendre », « trouver », « nommer », « tenir pour », « considérer comme », « laisser » sont quant à eux utilisés pour associer un attribut à un complément d'objet direct :

> « Juliette trouve ses amies heureuses. », « Patrick laisse son frère tranquille. »

– **Les auxiliaires**, suivis d'un participe passé, servent à former les temps composés : « avoir » ou « être »

> « Roberto est arrivé au restaurant à 20 h. »
>
> « Roberto a commandé une deuxième pizza. »

Les auxiliaires ont perdu leur signification lexicale. Comparer :

> « Louise a (= possède) une maison à la campagne. »
>
> « Louise a (*auxiliaire*) acheté une maison à la campagne. »

– **Les semi-auxiliaires**, suivis de l'infinitif, servent à donner au verbe une valeur...

- *modale* : « pouvoir », « savoir », « vouloir », « devoir » (« Luc veut construire une maison. »)
- *aspectuelle* : « aller », « venir de », « se mettre à », cesser de » (« Luc va construire une maison. »)
- *factitive* : « faire » (« Luc (se) fait construire une maison. »), « laisser » (« Claude laisse les enfants jouer. »), « se voir » (« Martine s'est vu complimenter par ses amies. »)

Les semi-auxiliaires ont aussi perdu beaucoup de leur signification lexicale. Comparer :

> « Sophie doit (= a emprunté) une grosse somme à son frère. »
>
> « Sophie doit (probablement) arriver demain. »

On constate donc que les mêmes verbes peuvent assumer différents statuts selon les cas ; voici d'autres exemples :

Les natures

lexical	copule + attribut	auxiliaire + participe passé	semi-auxiliaire + infinitif
	« Il est maladroit. »	« Il est arrivé. » ; « Il est poursuivi. »	
« Il a le temps. »		« Il a terminé. »	« Il a à travailler » (=il doit travailler)
« Elle tombe de l'arbre. »	« Elle tombe amoureuse. »		
« Elle a (=prend) l'air heureux. »	« Elle a l'air (=semble) heureuse. »		
	« Il semble fatigué. »		« Il semble approcher. »
« Il sait sa leçon. »			« Il sait venir. »
« Il le peut. » (autorisation, capacité)			« Il peut pleuvoir. » (éventualité)
« Il vient bientôt. »			« Il vient d'arriver. »
« Il se met à cet endroit. »			« Il se met à courir. »
« Il laisse (=abandonne) ses études. »	« Il laisse les enfants tranquilles. » (attribut de l'OD)		« Il laisse son fils conduire la voiture. » (factitif)

b) Verbes personnels et impersonnels

Le sujet d'un verbe personnel est identifiable (« Il est artisan. », « L'argent fait le bonheur. », « Ahmed arrive demain. »), pas celui d'un verbe impersonnel. Dans les phrases « C'est trop tôt. », « Il fait beau. », « Il arrive que Élodie soit en retard. »), le pronom « il » ou « ce(la) » ne renvoie à personne ni à rien ; il n'accompagne le verbe que pour la forme grammaticale. Il est à noter que des langues proches du français, l'italien (« Capita che Andrea sia in ritardo. » et l'espagnol (« Hace buen tiempo. »), se passent de ce sujet dit *apparent*.

On reconnait trois types de verbes (ou locutions verbales) impersonnels :

- **uniquement impersonnels** : « il faut », « il s'agit »

- **généralement impersonnels** (verbes météorologiques) : « il pleut », « il gèle », « il tonne »… auxquels on peut occasionnellement donner un sujet : « Les mauvaises nouvelles pleuvent. »

- **utilisés impersonnellement :**
  - « il fait chaud/nuit/… », « il est dix heures », « c'est loin », « il y a deux jours. » ;
  - « il arrive », « il apparait », « il convient », « il manque » ; « il/c'est interdit, nécessaire/impossible/… », « il vaut mieux »

Les verbes de cette dernière catégorie sont suivis d'un complément

« Il manque <u>deux chaises</u>. »

ou d'une proposition complétive

« Il est indispensable <u>que Béatrice participe à la réunion</u>. »

qui sont, en fait, les *sujets réels* ou *logiques* du verbe utilisé impersonnellement, comme si on avait inversé la perspective en recourant à la forme impersonnelle :

= « <u>Deux chaises</u> manquent. »

= « <u>Que Béatrice participe à la réunion</u> est indispensable. »

Un même verbe peut donc être utilisé de manière personnelle et impersonnelle. Comparer :

« Binh parait fatigué. »

et « Il parait que Binh est fatigué. »

Attention, le pronom « on » n'est pas impersonnel ; il renvoie à un sujet animé non défini (= « tu », « nous », « tout le monde », « n'importe qui »…).

c) Verbes pronominaux

Les verbes pronominaux sont toujours précédés d'un pronom personnel qui renvoie au sujet même du verbe et qui leur est indissociable (comme un préfixe). On classe ces verbes en quatre catégories :

- **les pronominaux lexicalisés** :
    - soit ils n'existent qu'à la forme pronominale (« s'évanouir », « s'abstenir », « s'absenter »...)
    - soit ils ont un sens différent à la forme pronominale (« apercevoir » / « s'apercevoir », « inspirer » / « s'inspirer », « lever » / « se lever... »)

- **les réfléchis** : « Paolo se regarde (lui-même) dans le miroir. »

- **les réciproques** : « Paolo et John se regardent (l'un l'autre) dans les yeux. »

- **les passifs** : « Les tableaux impressionnistes se regardent de loin. » (= « Ces tableaux sont regardés de loin. » ou « On regarde ces tableaux de loin. »)

La construction impersonnelle (voir ci-dessus) et pronominale à sens passif peuvent se combiner dans des formulations de ce type :

« Il se vend beaucoup de journaux en une semaine. » (*impersonnel + pronominal passif*)

= « Beaucoup de journaux se vendent en une semaine. » (*pronominal passif*)

= « Beaucoup de journaux sont vendus en une semaine. » (*passif*)

= « On vend beaucoup de journaux en une semaine. » (*actif*)

« Il s'en est dit des choses intéressantes pendant la réunion. » (*impersonnel. + pronominal passif*)

= « Des choses intéressantes se sont dites pendant la réunion. » (*pronominal passif*)

= « Des choses intéressantes ont été dites pendant la réunion. » (*passif*)

= « On a dit des choses intéressantes pendant la réunion. » (*actif*)

Le pronom réfléchi des verbes pronominaux peut...

– être *sans aucune fonction logique* : « s'apercevoir », « s'absenter », « se vendre »...

– avoir la *fonction d'objet direct* : « se laver », « se perdre », « se suivre »...

– ou la *fonction d'objet indirect* : « se demander, « se nuire », « se succéder »...

Cette fonction détermine l'accord du participe passé si le verbe est conjugué à un temps composé. Comparer :

« Elles <u>se</u> sont suivies » = « Marie a suivi Louise » :
« se » = objet direct antéposé → accord

« Elles <u>se</u> sont succédé » = « Marie a succédé à Louise » :
« se » = objet indirect → pas d'accord

d) Verbes intransitifs et transitifs (direct, indirect, double)

Associée dans les dictionnaires à leur nature, la transitivité des verbes définit leur comportement syntaxique. Il s'agit en effet de la possibilité ou de l'obligation qu'ils ont, ou non, de se combiner avec des compléments d'objet pour former une phrase acceptable.

- le **verbe intransitif** ne se construit ni avec un complément d'objet direct ni avec un complément d'objet indirect : « partir », « arriver », « venir », « courir », « marcher »...

Même s'il se suffisent généralement à eux-mêmes (« Rachel vient. », « Emmanuel dort. », « Il neige. »), certains verbes intransitifs exigent cependant la présence d'un complément circonstanciel, essentiel dans ce cas (« Il se rend/se trouve/habite... à Londres. »).

- le **verbe transitif direct** appelle un complément d'objet direct : « aimer », « poser », « regarder », « accompagner », « affliger », etc. sans laquelle la phrase serait incomplète.

« Cette nouvelle afflige Noémie. »

- le **verbe transitif indirect** appelle un complément d'objet indirect : « penser à », « douter de », « renoncer à », « manquer de », « participer à », « procéder à/de », « servir à »...

« Ahmed renonce à cette soirée au concert. »

- le **verbe transitif double** introduit un complément d'objet direct et indirect : « demander », « dire », « obtenir », « éloigner », « recevoir », « donner »...

« Nathalie demande un service à sa collègue. »

Un verbe transitif direct, indirect ou double peut s'employer seul dans des usages...

- impératifs (« Guy, regarde ! », « Obéissons ! »),
- absolus (« Guy écrit (= est écrivain). », « Guy boit (= est alcoolique). »)
- ou elliptiques (« Guy construit ~~une maison~~. », « Guy mange ~~son repas~~. », « Guy téléphone ~~à un interlocuteur~~. », « Guy a donné son accord ~~à son client~~. », « Guy lui a écrit ~~un courrier~~. »)

Un verbe peut connaître deux régimes différents, avec un sens différent :

intransitif	transitif direct	transitif indirect
« Ils sont sortis toute la nuit. »	« Ils ont sorti les meubles. »	
« Le verre casse facilement. »	« Léa a cassé le verre. »	
	« Émilie use ses chaussures. »	« Émilie use de son influence. »
	« Le garçon sert les clients. »	« Son stage lui a bien servi. »

Tous les verbes transitifs se conjuguent aux temps composés avec l'auxiliaire « avoir », ainsi que les verbes impersonnels, tandis que certains verbes intransitifs (qui indiquent généralement un changement ou un mouvement : « devenir », « aller », « arriver », « mourir »...) se construisent avec l'auxiliaire « être », de même que tous les verbes pronominaux.

Pour certains verbes, l'auxiliaire change selon les cas :

« Sofia a monté les escaliers. » (= usage transitif du verbe)

« Sofia est montée (au cinquième étage) (par les escaliers). » (= usage intransitif)

« Les prix ont augmenté la semaine dernière. »
(= évènement, accompli)

« Les prix sont augmentés **depuis** la semaine dernière. »
(= situation, duratif)

5.3.3. Déterminatif

Contrairement à certains usages, nous utiliserons le terme *déterminatif* quand il s'agit de la nature du mot, et *déterminant* quand il s'agit de la fonction que ce mot assure dans la phrase, même si nature et fonction se confondent souvent dans ce cas.

Comme son nom l'indique, le déterminatif se caractérise surtout par sa fonction pragmatique qui consiste à donner une réalité matérielle ou intellectuelle au nom qu'il détermine. Il a aussi la caractéristique d'être indissociable du nom qu'il précède souvent directement et avec lequel il varie en genre et en nombre. Ce sont les structuralistes distributionalistes qui ont classé dans la même catégorie grammaticale – pour cette raison qu'ils peuvent se substituer les uns aux autres auprès du nom – des mots dont on distinguait naguère les différentes natures, qui ne sont maintenant que des sous-catégories :

articles	- *définis* : « le frère », « les sœurs »
	- *indéfinis* : « un frère », « la sœur », « des sœurs »
	- *partitifs* : « de l'eau », « du courage »
démonstratifs	« ce garçon(-ci/là) », « cet homme (-ci/-là) », « cette femme (-ci/-là) »
possessifs	« mon frère », « sa femme », « votre voiture », « leurs enfants »
interrogatifs et exclamatifs	« quel garçon ? », « quelle surprise ! »
numéraux	« cinq », « premier »

| *indéfinis* | « un autre livre », « quelques pas », « tout homme », « chaque fille », « nul citoyen », « trop de personnes », « n'importe quel livre » |

5.3.4. Adjectif

Constituant du groupe nominal, étroitement lié au nom avec lequel il varie aussi en genre et en nombre, l'adjectif se distingue du déterminatif par son caractère facultatif (alors que le déterminatif est quasi indispensable), sa possibilité de s'additionner à d'autres (alors que les déterminatifs sont souvent seuls), son infinie variété (alors que beaucoup de déterminatifs constituent des classes fermées et/ou sont en nombre limité) et sa charge sémantique (alors que le déterminatif a surtout un rôle pragmatique). La vocation de l'adjectif est d'apporter une information complémentaire – concrète/abstraite, objective/subjective, inhérente/contextuelle... – à propos de l'objet (personne, chose, évènement, concept...) désigné par le nom auquel il se rapporte.

Il existe de nombreuses manières de classer les adjectifs, selon leur formation morphologique, leur portée sémantique, leur valeur modale ; les distinctions utiles à l'analyse syntaxique ressortissent plutôt au prochain chapitre consacré aux fonctions. Concernant plus proprement leur nature, il convient ici de faire le partage entre des adjectifs très différents : les *qualificatifs* et les *relationnels*.

a) Les <u>adjectifs qualificatifs</u> attribuent au nom auquel ils se rapportent des propriétés intrinsèques (« une chemise bleue ») ou contingentes (« une vieille chemise »). Dans les exemples suivants :

« une décision importante », « un beau parc », « une grave crise »,

les caractéristiques précisées par les adjectifs qualificatifs peuvent être nuancées :

« peu importante », « très beau », « assez grave »,

et même comparée :

« Cette crise-ci est plus grave que la précédente. »

Les adjectifs qualificatifs peuvent aussi bien être épithètes qu'attributs :

> « La décision est importante. » ;

et la qualité peut être substantivée :

> « l'importance de la réunion », « la beauté du parc », « la gravité de la crise ».

b) Les <u>adjectifs relationnels</u> ne qualifient pas le nom auquel ils se rapportent mais l'associent à un autre nom, à l'instar d'un complément du nom précédé d'une préposition.

> « Une décision ministérielle », « un parc communal », « une crise cardiaque »

représentent bien

> « une décision du ministre », « un parc de la commune », « une crise au cœur ».

Les adjectifs relationnels ne sont pas gradables (« Une décision très ministérielle »*) ni ne peuvent être attributs (« La crise est cardiaque »*). Ils ne peuvent pas non plus être coordonnés à un adjectif qualificatif : « une décision ministérielle et importante »* n'est pas admis, mais bien « une importante réunion ministérielle », l'adjectif relationnel étant toujours postposé.

Certains adjectifs peuvent tantôt être qualificatifs, tantôt relationnels :

adjectif qualificatif	*adjectif relationnel*
« un tempérament (très) solaire »	« une éclipse solaire » (du soleil)
« un attitude (très) maternelle »	« du lait maternel » (de la mère)
« une personne (très) humaine »	« le genre humain » (des humains)
« une réponse (très) diplomatique »	« une fonction diplomatique » (de diplomate)

5.3.5. Pronom

Le pronom est un substitut qui a la signification du mot ou groupe de mots qu'il remplace (notamment pour éviter une répétition). Il varie en genre et en nombre en accord avec le mot remplacé, et aussi selon sa propre fonction dans la phrase.

« Roland a acheté des fleurs pour Léa ; il les lui offrira demain ».

Nous l'avons vu, le pronom « il » est impersonnel quand il ne joue qu'un rôle strictement formel, sans ne rien remplacer.

« Il pleut », « Il arrive que... », « Il est nécessaire que... »

Parmi les pronoms, on distingue...

les pronoms personnels	« je/me/moi », « tu/te », « il », « lui », « me/te/se »...
les pronoms démonstratifs	« celui-ci », « celui-là », « ceci », « ce que », « ça »...
les pronoms possessifs	« le sien », « la tienne »...
les pronoms indéfinis	« certains », « chacun », « l'un »
les pronoms interrogatifs	« qui... ? », « que... ? », « de quoi... ? »
les pronoms relatifs	« qui », « que », « dont », « à qui », « où »...

Le pronom relatif est un mot hybride :
- à la fois conjonction, puisqu'il introduit une proposition subordonnée,
- et pronom, puisqu'il remplace l'antécédent dans la subordonnée et varie selon la fonction qu'il tient dans cette proposition.

On peut assimiler au pro-nom, le *pro-verbe* « faire » qui peut remplacer tout verbe, souvent précédé du pronom « le » :

« Voyager, il le fait trop souvent. », « Parler anglais, je ne sais pas (le) faire. »

5.3.6. Adverbe

Avec l'adverbe commence la série des mots invariables, même s'il arrive que d'anciens adjectifs devenus adverbes s'accordent dans certains cas. L'adverbe – reconnaissable parfois par son suffixe « -ment » – est en principe invariable et mobile. Selon son étymologie, il complète un verbe à l'instar de l'adjectif qui complète un nom. Dans les faits, il peut se rapporter aussi à des mots d'autres natures, comme à la proposition entière. Certains adverbes s'emploient seuls, se rapportant directement au verbe en tant que compléments circonstanciels (essentiel : « Il habite ici. » ; ou non : « Il parle vite. »). D'autres adverbes, effaçables, se rapportent à un autre terme (« Il est très gentil. », « Il a mangé presque tout. »).

Il existe différentes manières de répertorier des adverbes, selon leur formation morphologique, leur portée sémantique, leur valeur modale. Voici un exemple de classement avant de revenir sur d'autres distinctions syntaxiques dans le chapitre consacré aux fonctions.

adverbes...

circonstanciels	« doucement », « mal », « hier », « souvent », « ici », « partout », « vainement », « exprès », « gratuitement », « alors », « du coup »
de quantité	« beaucoup », « presque »
logiques	« donc », « toutefois »
modaux	« peut-être », « probablement »
aspectuels	« continuellement », « à peine »
interrogatifs	« quand », « comment »
d'affirmation-négation	« oui », « en effet », « ne... pas », « jamais »

5.3.7. Préposition

Mot-lien invariable, la préposition introduit un complément pour l'associer à différents mots de la phrase ou à la phrase entière, et ainsi indiquer la fonction et la portée de ce complément.

« L'ami de Jules apporte des fleurs à Marie pour son anniversaire. »

Apparues à la suite de la disparition des déclinaisons, les prépositions « à » et « de » ont très peu de charge sémantique, mais leur choix peut tout de même être significatif :

« un verre à vin » >< « un verre de vin »,

quand elles ne créent pas de singulières ambigüités :

« la pêche à la mouche/à la truite » ;

« l'angoisse du professeur » (provoquée ou ressentie par le professeur ?).

D'autres prépositions, plus précises, peuvent ensemble constituer un champ sémantique, d'ordre... :

- *spatial* : « dans/sur/sous/devant/derrière/hors de/à côté de... la boite » ;
- *temporel* : « avant/après/pendant/depuis/à partir de/ jusqu'à... l'évènement » ;
- *logique* : « pour/à cause de/grâce à/malgré/en raison de/ en vue de »

Les locutions prépositionnelles sont composées de plusieurs mots de natures différentes : des noms (« à la faveur de »), des verbes (« étant donné »), des adverbes (« en dehors de »).

5.3.8. Conjonction

Mot-lien invariable, la conjonction de coordination relie des mots ou groupes de mots ou propositions de même niveau ;

« Alice et Willy ont voyagé toute la nuit mais ils sont arrivés en retard malgré tout. » ;

alors que la conjonction de subordination relie une proposition subordonnée à une proposition principale :

« Alice et Willy ont voyagé toute la nuit pour que la famille soit au complet lors de la cérémonie. »

Les locutions conjonctives sont également composées de plusieurs mots de natures différentes : des noms (« au moment où », « à condition que »), des verbes (« étant donné que », « vu que »), des adverbes (« de même que », « à moins que »), des prépositions (« depuis que », « pour que »).

5.3.9. Introducteur

Constituent une classe à part quelques locutions figées – « Il y a... », « C'est... qui/que... », « Voici... qui/que... », « Est-ce que... ? » – à la fois invariables et inanalysables, qui permettent d'introduire des phrases et d'en modifier l'ordre habituel.

5.3.10. Interjection

Les interjections sont non seulement invariables, mais sont aussi autonomes et mobiles, raison pour laquelle on les taxe de « mots-phrases ». On peut les classer en trois catégories morphologiques :

- les interjections proches de l'onomatopée et même du cri : « Ouf ! », « Chut ! », « Oh ! », « Aïe ! »
- les interjections par nature : « Hélas ! », « Zut ! », « Allô ! »
- les interjections (ou locutions interjectives) formées de mots d'autres natures : « Chapeau ! », « Dame ! », « Quoi ! », « Grand Dieu ! », « À la bonne heure ! », « Tant pis ! »...

CHAPITRE SIX

Les fonctions

6.1. L'identification de la fonction des mots

La tâche de la syntaxe, après avoir déterminé la nature des mots, consiste à analyser leur fonction, ce qui n'est pas toujours moins problématique. Même si nature et fonction se confondent parfois, la fonction des mots est en principe indépendante de leur nature qui vient d'être décrite. La nature est par définition absolue, tandis que la fonction est relative : elle dépend de l'organisation de la phrase où ce mot est utilisé et donc de ses rapports avec les autres mots qui composent cette phrase. On constatera en effet qu'une même fonction peut être assumée par des mots de natures différentes. Rappelons à ce propos aussi que toutes les explications que l'on peut donner de l'organisation de la phrase, aussi convaincantes soient-elles, restent des constructions élaborées par les linguistes et que d'autres interprétations sont toujours possibles.

6.1.1. Les critères

Avant de présenter les fonctions syntaxiques, il faut éclaircir les critères sur lesquels on peut se baser pour les définir et pour les attribuer à tel mot ou groupe de mots de la phrase. Comme pour l'identification de leur nature, un seul critère ne suffit pas toujours pour y parvenir. C'est en croisant plusieurs d'entre eux que l'on peut alors être fixé quant au rôle d'un mot ou d'un groupe de mots dans la phrase en question. Il arrive malgré tout qu'une fonction ne puisse qu'hypothétiquement être attribuée à un mot ou, au contraire, que plusieurs fonctions puissent être invoquées pour le même mot.

6.1.1.1. Critère catégoriel

Nous l'avons vu, plusieurs catégories de mots sont par nature spécialement affectées à des rôles syntaxiques, au point que cela met en cause l'opposition entre nature et fonction. En tout cas, il est clair que la fonction d'un mot n'est pas étrangère à sa nature. Voici les trois cas de figure :
- Le *nom* est le mot le plus polyvalent, celui qui peut jouer le plus de rôles différents dans une phrase : sujet, complément de toutes sortes, prédicat...
- À l'infinitif et au participe, le *verbe* peut tenir plusieurs fonctions ; par contre, une fois conjugué, il ne peut être que prédicat.
- Sauf usages exceptionnels déjà mentionnés, le *déterminatif*, l'*adjectif*, l'*adverbe*, et encore moins la *préposition*, la *conjonction*, l'*interjection*, n'offrent guère d'alternatives à leur utilisation spécifique.

6.1.1.2. Critère relationnel

L'organisation de la phrase consistant à grouper et à hiérarchiser les mots, leur fonction est caractérisée avant tout par leurs dépendances réciproques, marquées notamment par leur proximité et leurs accords. Considéré par beaucoup comme le centre syntaxique de la phrase, le verbe-prédicat est à ce titre le mot dont dépendent tous les autres, soit directement, soit indirectement au sein d'un groupe. À ce niveau, on peut distinguer les fonctions primaires (centrifuges) qui relient les mots ou groupes de mots au prédicat pour constituer la phrase, des fonctions secondaires (centripètes) qui constituent ces groupes.

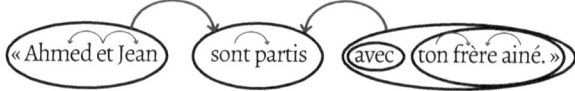

6.1.1.3. Critère morphologique

On vient de noter que les accords participent de la constitution des groupes selon la fonction de ses constituants (accord du participe passé tantôt avec le sujet, tantôt avec l'objet direct). Par ailleurs, on a déjà expliqué que les déclinaisons – qui indiquent la fonction des mots – ont disparu du français au cours de son évolution à partir du latin, sauf pour les pronoms. Voici les formes du pronom personnel aux trois cas nominatif, accusatif et datif :

sujet (nominatif)	*objet direct (accusatif)*	*objet indirect (datif)*
« je »	« me »	« me »
« tu »	« te »	« te »
« il/elle »	« le/la »	« lui »
« nous »	« nous »	« nous »
« vous »	« vous »	« vous »
« ils/elles »	« les »	« leur »

« Leila donne une pomme à son frère. »
→ « Elle la lui donne. »

Au pronom relatif « qui » nominatif correspondent « que », accusatif, et « dont », pour les compléments précédés de la préposition « de » (« La voisine dont je parle (datif)/dont je connais la sœur (génitif) »).

6.1.1.4. Critère positionnel

Au fur et mesure que la déclinaison disparaissait en évoluant depuis le latin, l'ordre des mots s'est précisé et figé dans la phrase française pour indiquer leur fonction. C'est à cet ordre imposé *Sujet-Verbe-Complément d'objet direct* – jugé logique à l'époque classique – que le français doit son statut de langue analytique.

« Yves présente Léa à Jérôme. »
n'est donc pas la même chose que
« Léa présente Yves à Jérôme. ».

En revanche,

> « À Jérôme, Yves présente Léa. »,
> « Yves présente à Jérôme Léa. »
> « Yves présente Léa à Jérôme. »

sont équivalents grâce à la préposition qui indique sa fonction au complément d'objet indirect et le rend ainsi mobile.

Cependant cet ordre des mots *S-V-COD* peut, comme nous le verrons, être modifié pour des raisons syntaxiques ou rhétoriques.

Nous verrons aussi que la place qu'occupe l'adjectif par rapport au nom, avant ou après lui, comme celle qu'occupe l'adverbe dans la phrase, peuvent également jouer un rôle syntaxique.

Enfin, comme déjà signalé, il arrive que l'ordre des mots ne renseigne pas seulement sur leur fonction, mais aussi sur leur nature. Si l'on compare

> « La ferme le voile. » (= l'exploitation agricole cache le paysage)

et

> « Le voile la ferme. » (= le rideau obstrue l'ouverture)

on constate que « ferme » est nom-sujet dans la première phrase et verbe-prédicat dans la seconde, « la » déterminatif-article dans la première et pronom personnel dans la seconde, etc.

6.1.1.5. Les marqueurs de fonction

Les prépositions, en particulier « à » et « de », ont précisément pour rôle d'indiquer la fonction d'un mot ou d'un groupe de mots, par exemple, comme on vient de le constater, de distinguer un complément d'objet indirect d'un complément d'objet direct (« il le préfère à Marc » / « il préfère Marc ») ; ou un complément d'une apposition (« frère de Jacques » / « frère Jacques »). Rappelons qu'accompagné de sa préposition, le mot ou groupe de mots peut devenir mobile dans la phrase.

6.1.1.6. Le critère essentiel/inessentiel

On peut invoquer le caractère ineffaçable de certains constituants indispensables à la phrase, pour les distinguer d'autres constituants qui eux peuvent être supprimés de la phrase sans qu'elle ne devienne incorrecte ou incomplète :

généralement essentiels (*ineffaçables*)	*généralement inessentiels* (*effaçables*)
le sujet, le prédicat, les déterminants, les mots-liens	les modalisants et les modifiants (adverbes)
les compléments d'objet direct et indirect	les compléments circonstanciels
les adjectifs attributs (du sujet ou du complément d'objet direct)	les adjectifs épithètes explicatifs
les adjectifs épithètes déterminatifs	

De nombreuses exceptions déjà notées empêchent cependant de se fier à cette opposition pour distinguer sans risque les fonctions.

6.1.1.7. *Critère sémantique ou sémiologique*

Le critère sémantique est le moins convaincant pour déterminer la fonction d'un mot. Dire que le sujet est l'acteur de l'action exprimée par le verbe-prédicat (à la voix active) ne peut pas satisfaire. Dans les phrases suivantes :

« Le verre s'est brisé. »,
« Le tiroir contient de vieux papiers. »,
« La clé ouvre la porte. »,
« Le couteau l'a terrorisé. »,
« La fin des vacances approche. »,

le sujet grammatical représente plutôt un objet, un lieu, un instrument, une cause ou un moment qu'un acteur. En comparant les deux verbes

« Ludwig entend/écoute la musique »,

on constate déjà que les rôles du sujet – qui subit ou qui agit – ne sont pas équivalents.

6.1.2. Les fonctions problématiques

La conclusion concernant les critères permettant de conférer une fonction aux mots de la phrase sera la même qu'à propos de leur nature : l'analyse n'est pas toujours évidente ni irréfutable. Il reste des cas où différents critères sont nécessaires et différentes explications possibles, comme l'illustrent ces quelques exemples bien connus :

- « Le marchand pèse cent kilos. » (lui-même ou de marchandise ?)
- « Sophie préfère la tarte à la crème. » (un seul ou deux desserts distincts ?)
- « Brian habite Londres. » (complément d'objet direct – cf. « Le Londres que Brian habite. » – ou de lieu – cf. « Brian habite à Londres » – ?)

6.2. Les différentes fonctions

	fonctions	différents aspects ou types de ces fonctions	nature des mots qui assurent généralement ces fonctions

fonctions relatives à la phrase	prédicat	– fonct. syntaxique
		– fonct. pragmatique
		  • personnelle
		  • temporelle
		  • aspectuelle
		  • modale
			verbe conjugué

	sujet	– réel – apparent	nom
	objet	– direct – indirect	nom
	circonstant	– de verbe – de phrase	– nom complément – adverbe
	modalisant	– degré de certitude – jugement subjectif – commentaire métadiscursif	– nom complément – adverbe

fonctions relatives au groupe de mots	adjuvant	– épithète
		  • explicatif
		  • déterminatif
		– attribut
		  • du sujet
		  • de l'objet
		– apposition
			– adjectif
			– nom

	complétant	– du nom – de l'adjectif – de l'adverbe – ...	nom
	modifiant		adverbe
	déterminant	– déictique – anaphorique	déterminatif
	substitut	– déictique – anaphorique	– pronom – nom apposition

	fonctions	différents aspects ou types de ces fonctions	nature des mots qui assurent généralement ces fonctions
fonctions jonctives	lien	– coordination – subordination	– préposition – conjonction
fonctions annexes	introducteur, interjection		– introducteur – interjection

6.2.1. Prédicat

Constituant essentiel de la phrase, le prédicat y tient une double fonction, *syntaxique* et *pragmatique*.

6.2.1.1. Fonction syntaxique du prédicat

Qu'on le place seul au sommet de la représentation de l'organisation de la phrase ou en binôme avec le sujet (voir chapitre sept), le verbe est l'élément principal et central de cette phrase :

- principal parce qu'il peut constituer une phrase à lui seul (« Sortez ! »), qu'il ne dépend donc pas des autres mots et que tous les mots se rapportent finalement à lui (« Vous à qui je m'adresse, <u>sortez</u> de cette pièce à l'instant si vous ne voulez pas que ... etc. ») ;
- central parce qu'en effet placé généralement entre le sujet et les compléments d'objet (selon l'ordre S-V-C du français), il permet d'attribuer leur fonction à ces autres constituants essentiels de la phrase.

On notera que ce rôle de centre syntaxique de la phrase peut aussi être tenu par un verbe à l'infinitif, par exemple dans une recette de cuisine :

« Découper la viande en fines tranches à laisser ensuite mariner dans une préparation d'huile d'olive et de moutarde pendant une heure de façon à l'aromatiser avant sa cuisson. »

ou par un substantif, comme dans un titre de journal :

« Démission hier soir de plusieurs députés en raison de profonds désaccords avec la politique gouvernementale qui avait pourtant été soutenue par la majorité lors du dernier vote de confiance »

Quand on compare ces phrases à la phrase équivalente avec un verbe conjugué (« Vous découpez… » ou « Vous découperez… », et « Plusieurs députés ont démissionné… »), on peut prendre la mesure de l'autre fonction du verbe.

6.2.1.2. Fonction pragmatique du prédicat

Conjugué, le verbe-prédicat réalise l'acte de langage. Non seulement il organise cet *énoncé* – les propos prononcés ou écrits – comme on vient de le voir, mais il articule cet énoncé à *l'énonciation*, c'est-à-dire au contexte réel dans lequel ces propos ont été tenus. En variant en personne, en temps et en mode, il met en rapport les constituants linguistiques de la phrase avec les personnes, le moment, le monde où cette phrase s'inscrit et où elle aura une signification et un impact.

{la venue de Michel} ou {inviter Michel} restent des concepts abstraits, des idées en puissance, que l'on peut avoir en tête mais qui ne deviendront actes de langage, dans la communication, avec une tierce personne, à un endroit et à un moment donnés, que lorsque le verbe sera conjugué :

- → « Michel viendra. » (… je vous le promets.)
- → « Michel, viens ! » (… je te l'ordonne !)
- → « Michel vient. » (… je le constate avec vous.)

Nous savons que pour exercer cette fonction pragmatique, des mots d'autres natures que le verbe conjugué peuvent tenir ce rôle de prédicat, usages que l'on peut expliquer en invoquant le procédé de l'ellipse :

- un substantif : « Silence ! » (= « ~~Je vous ordonne de garder le~~ silence ! ») ; « Huit heures. » (= « ~~Je vous annonce qu'il est~~ huit heures. »)
- un pronom : « Lui ? » (= « ~~Est-ce~~ lui ~~qui aurait commis cette erreur~~ ? »)
- un adverbe : « Dehors ! » (= « ~~Je vous ordonne d'aller~~ dehors ! »), « Non ! » (« Je ne veux pas. », « Je ne suis pas d'accord. »), « Combien ? » (« Combien ~~cela coûte-t-il~~ ? »)
- une interjection : « Bravo ! » (= « Je vous félicite ! »), « Merci ! » (« Je vous remercie ! »)

La fonction pragmatique du verbe-prédicat se manifeste dans sa conjugaison sur quatre plans – *personnel, temporel, aspectuel et modal* – qui se combinent toujours, mais qu'il convient de distinguer pour en comprendre le fonctionnement :

a) La dimension personnelle

Il faut ici seulement noter que les pronoms des deux premières personnes « je-me-nous » et « tu-te-vous » sont par définition *déictiques*, c'est-à-dire qu'ils ne peuvent renvoyer qu'aux personnes de la réalité qui participent à l'énonciation : l'énonciateur d'une part, l'énonciataire de l'autre. Lors d'une conversation bilatérale, ils échangeront d'ailleurs leur statut.

« — Quand viens-tu me voir ?
— Je viendrai te voir demain. »

« Il », qualifié par certains linguistes de non-personne, n'est jamais que l'objet de cette énonciation, quand bien même il se montre sujet de l'action ou des propriétés qu'on lui attribue. On notera que « il » se transforme en « je-me » ou « tu-te » dans le discours rapporté :

« Il lui a dit : "Je viendrai te voir demain". »

En tout état de cause, dès que l'on conjugue un verbe dans une phrase, on dresse une scénographie de l'acte de parole qu'elle représente, ne serait-ce que de manière implicite : pour qu'il y ait communication, il faut toujours qu'une personne s'adresse à une autre pour lui parler de quelque chose.

b) La dimension temporelle

C'est aux temps que l'on pense tout d'abord quand on parle de la conjugaison des verbes. Si « être », « voyager » ou « regarder » sont des idées indéfinies à l'infinitif, une fois conjugués ces verbes actualisent l'évènement ou les propriétés attribués à leur sujet en l'inscrivant sur une ligne du temps au centre de laquelle le présent de l'énonciation sépare le passé et le futur.

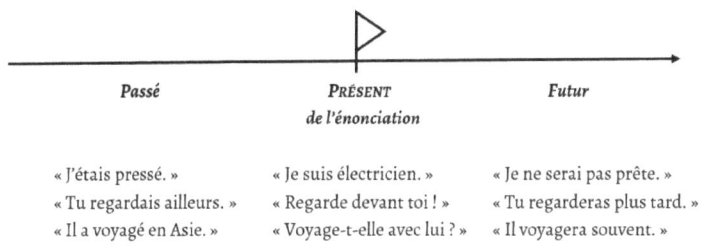

Passé	**Présent**	Futur
	de l'énonciation	
« J'étais pressé. »	« Je suis électricien. »	« Je ne serai pas prête. »
« Tu regardais ailleurs. »	« Regarde devant toi ! »	« Tu regarderas plus tard. »
« Il a voyagé en Asie. »	« Voyage-t-elle avec lui ? »	« Il voyagera souvent. »

Le temps peut se référer à un autre moment que celui de l'énonciation de la phrase, à une autre prise de parole :

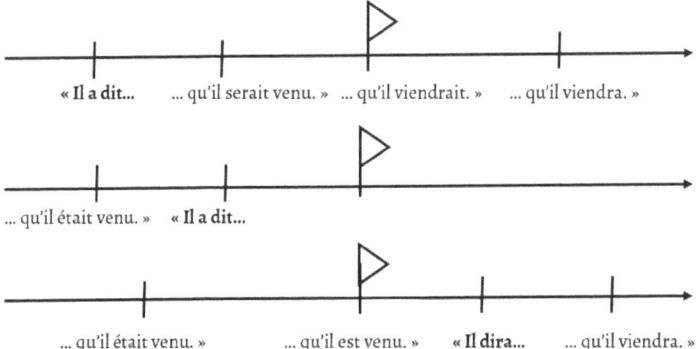

L'étude des temps n'entre pas dans le cadre de cette analyse syntaxique, mais nous ferons cependant les trois remarques suivantes :

– le présent est aussi une forme temporelle non marquée qui peut convenir à tous les moments :

> « Maintenant, je vous parle d'André. »
>
> « Je parle d'André demain à mon ami. »
>
> « Hier, je parle d'André quand, tout à coup, le voilà qui arrive. » (présent historique).

Dans ces cas, les adverbes ou compléments circonstanciels de temps assument à eux seuls la dimension temporelle de la phrase.

– La concordance de temps entre les verbes de la même phrase peut provoquer des distorsions avec la logique. Par exemple : « Helmut m'a dit hier qu'il venait aujourd'hui. » ou « ... qu'il était Autrichien. », phrases où le présent conviendrait peut-être mieux.

– Dans la phrase « Il m'a dit avant-hier qu'il serait venu hier » ou « ... qu'il viendrait aujourd'hui. », le verbe « venir » est conjugué au temps appelé *futur (simple ou composé) du passé*. Cette même forme sera cependant considérée dans d'autres cas comme un *conditionnel (présent ou passé)* au niveau de la dimension modale du prédicat (voir ci-dessous).

c) *La dimension aspectuelle*

L'aspect est la manière dont sont présentés le déroulement ou l'accomplissement de l'action ou de l'attribution exprimées par le verbe, quel que soit le moment de leur réalisation. Par exemple, le passé simple, le passé composé et l'imparfait ont en commun d'être des temps du passé, mais ils ne sont pas équivalents car ils ne donnent pas la même représentation de l'action qu'ils décrivent. La différence entre « Il arriva. », « Il est arrivé. » et « Il arrivait. » peut être illustrée par le contexte :

« Il arriva à 8 h... et repartit à 10 h. »
« Il arrivait... quand il a été surpris par l'orage. »
« Il est arrivé... et il est toujours ici. »

On conclura que...
- le passé simple décrit une action passée et isolée,
- l'imparfait : une action passée et inachevée (quand une autre action a lieu durant son déroulement),
- et le passé composé : une action passée mais dont les effets se font longtemps sentir, éventuellement toujours au moment présent.

On peut représenter graphiquement ainsi ces différences :

« Il arriva. »   « Il arrivait quand... »   « Il est arrivé. »

La valeur aspectuelle d'un temps n'est pas exclusive. L'imparfait n'indique pas seulement qu'une action dure, mais aussi qu'elle peut se répéter longtemps (« Il rendait visite à sa mère tous les jeudis. ») ou qu'elle prend de l'ampleur (« À 16 h 34 précise, la bombe explosait. »)

Pour exprimer l'aspect, en plus du choix des temps, on peut recourir à des semi-auxiliaires (suivis de l'infinitif) qu'on appellera en conséquence *aspectuels* :

aspect imminent	aspect inchoatif	aspect duratif, répétitif	aspect terminatif	aspect résultatif
« il va/il est sur le point de…	« il commence à/se met à…	« il est en train de/il continue de/il n'en finit pas de…	« il cesse de/il finit de…	« Il vient de…

… pleuvoir »

Des adverbes ou locutions adverbiales, appelés aussi *aspectuels*, peuvent assumer la même fonction :

aspect imminent	aspect inchoatif	aspect duratif, répétitif	aspect terminatif	aspect résultatif
« bientôt », « prochainement »	« à peine », « soudainement »	« toujours », « encore », « continuellement », « régulièrement », « souvent », « de nouveau »	« enfin », « finalement »	« récemment », « dernièrement »

Notons enfin qu'il existe des suffixes *aspectuels* qui donnent des précisions sur la manière dont l'action est menée. Comparer : « dire » et « redire », « tousser » et « toussoter », « rêver » et « rêvasser », « faire » et « parfaire », etc.

d) La dimension modale

La dimension modale n'est liée ni au moment ni au déroulement des évènements ou attributions énoncés, mais à la personne responsable de l'énonciation qui transmet dans ses propos une appréciation en même temps que l'information, notamment par le choix des modes verbaux. Si l'on compare les verbes suivants conjugués tous au présent :

« Il vient. » / « Qu'il vienne ! » / « Il viendrait. »
« Il est content. » / « Qu'il soit content ! » / « Il serait content. »,

on remarque que s'ils décrivent la même chose, leur mode manifeste une attitude différente de l'énonciateur concernant ce qu'il énonce :
- à l'indicatif, l'énonciateur constate ou annonce un fait ;
- au subjonctif, il émet un souhait, un ordre ou un étonnement ;
- au conditionnel, il formule une hypothèse ou rapporte une opinion qui n'est pas la sienne.

Au subjonctif et au conditionnel, le degré de certitude affiché est donc moindre qu'à l'indicatif.

Le subjonctif est rarement utilisé seul, en tant qu'injonction à la troisième personne – précédé de la conjonction « que », trace d'une ellipse (« ~~Je veux~~ Qu'il vienne ! ») –, mais il est obligatoire dans les complétives après les verbes...
- de volonté (« J'ordonne qu'il vienne. »),
- de sentiment (« Je crains qu'il ne vienne. »)
- ou de doute (« Il est possible qu'il vienne. ») ;

également dans les propositions subordonnées de but (« J'insiste pour qu'il vienne. ») ou de temps à venir (« Je mange avant qu'il ne vienne. »). Dans tous ces cas, le fait n'est pas avéré au moment de la prise de parole ou au moment de référence.

D'où la présence du « ne » explétif (qui tend à disparaitre).

Comparer :

« Je crains qu'il ne vienne » (=je voudrais qu'il ne vienne pas)

« Je crains qu'il ne vienne pas. » (=je voudrais qu'il vienne)

Le conditionnel – qui est utilisé seul plus souvent que le subjonctif – est obligatoire après une proposition subordonnée hypothétique :

« S'il en avait la possibilité, il viendrait. »

Le conditionnel est fréquent dans les textes journalistiques ou scientifiques pour présenter une information qui n'est pas confirmée :

« Les deux chefs d'État se seraient mis d'accord. »,

« Le phénomène se produirait toujours dans les mêmes conditions. »

Le conditionnel peut également servir à exprimer une requête polie :

« Je voudrais vous demander de m'accorder un rendez-vous. »,

encore plus affable au conditionnel passé :

« J'aurais voulu vous demander de m'accorder un rendez-vous. »,

comme pour donner l'occasion à l'interlocuteur de refuser plus facilement. On rappellera que le conditionnel est l'équivalent du *futur du passé* présenté plus haut, à propos de la dimension temporelle du prédicat.

La différence entre les trois modes, quand le choix est laissé au locuteur, peut aussi être significative dans une proposition relative.

Comparer :

	qui a été écrit par Hugo.	Il s'intitule *Les Misérables*. »
« Je voudrais un livre...	qui ait été écrit par Hugo.	Peu importe lequel, je vous laisse choisir. »
	qui aurait été écrit par Hugo.	Je crois me souvenir que c'est *Le Rouge et le Noir*, mais je ne suis pas certain. »

Le subjonctif et le conditionnel ne sont pas les seuls à avoir une valeur modale. L'indicatif futur permet d'émettre une hypothèse relative au passé :

« Il n'est pas là aujourd'hui ; il aura raté son avion hier. »,

et l'imparfait permet d'exprimer un souhait :

« Ah ! S'il était plus aimable ! »

ou une demande polie :

« Je voulais vous demander... ».

Comme pour l'aspect, des semi-auxiliaires (suivis de l'infinitif) peuvent se charger de modaliser les verbes :

« Margot peut/doit/veut/sait... venir. »
= « Margot viendrait. »

ou bien des expressions impersonnelles modales (suivies du subjonctif) :

> « Il faut/arrive/est possible/est nécessaire/est préférable/... que Margot vienne. »

Nous verrons qu'on peut également recourir à des adverbes modaux (« peut-être », « sans doute », « éventuellement », « probablement »), ces différents moyens pouvant se combiner :

> « Dimitri pourrait peut-être participer à cette réunion. »

6.2.2. Sujet

Le sujet représente le thème, c'est-à-dire la personne, la chose, l'évènement, le concept... désigné par la phrase qui attribuera à ce sujet une propriété, une action (qu'il accomplira à la voix active ou qu'il subira à la voix passive). Binôme, le sujet et le prédicat s'accordent en personne, en nombre et en genre (le participe passé avec l'auxiliaire « être »). S'il semble logique que l'accord se fasse selon le sens avec les noms collectifs (« La plupart ne viendront pas. »), il est d'autres cas où la grammaire et la logique ne correspondent pas :

> « Plus d'un viendra. »,
> « Moins de deux resteront. »,
> « Ni lui, ni elle ne viendront. »

Procédé radical pour le reconnaitre, le sujet des verbes transitifs directs devient complément d'agent lors de la transformation passive, tandis que le complément d'objet direct devient sujet :

> « Adam a mangé la pomme. »
> « La pomme a été mangée par Adam. »

Ce qui permet de distinguer les deux phrases suivantes apparemment construites sur le même modèle : « Ernest conduit la voiture. » / « Ernest conduit la nuit. »

Quand le verbe est impersonnel, le pronom sujet est appelé *grammatical* ou *apparent*, « il » ou « ce » n'étant mentionné que pour la forme sans renvoyer à quoi que ce soit. Cela vaut pour les verbes essentiellement impersonnels (« Il faut », « Il s'agit », « Il pleut »...) comme pour les verbes employés impersonnellement (« Il arrive que/de... », « Il convient que/de... », « il est nécessaire que/de... »).

Dans ces derniers cas, le complément (verbe à l'infinitif) et la proposition complétive (verbe conjugué) sont considérés comme *sujets réels ou logiques* du verbe impersonnel :

« Il arrive à Claude d'être malade. » ou « Il arrive souvent que Claude soit malade. »

– « Il » = sujet apparent ou grammatical
– « d'être malade » ou « que Claude soit malade. » = sujets réels ou logiques

cf. : « Que Claude soit malade arrive souvent. »

Même si la fonction de sujet est souvent assurée par un nom ou un groupe nominal, des mots ou groupes de mots de toute nature peuvent être sujets du prédicat de la phrase :

– un pronom – groupe pronominal : « Elle/celle-ci/que tu connais est venue. »
– un interrogatif : « Qui vient ? »
– un adjectif : « Si bon vous semble. »
– un adverbe : « Demain (c') est un jour de fête. », « Trop c'est trop ! »
– une préposition ou un groupe prépositionnel : « Après (les vacances) conviendrait mieux. »
– une interjection : « Un bravo se fit entendre dans la salle. »
– un verbe seul à l'infinitif : « Souffler n'est pas jouer. »

Les propositions complétives sujets seront envisagées dans le chapitre huit consacré aux phrases complexes.

Ineffaçable (sauf à l'impératif – « Ne me quitte pas ! » – et dans quelques expressions figées « Fallait le dire ! », « Reste que... »), le sujet se distingue généralement par son antéposition par rapport au prédicat que suivent, généralement aussi, les compléments. Si l'on veut mettre en évidence un complément d'objet (direct ou indirect) en le plaçant en tête de phrase devant le sujet (dislocation à gauche), ou le sujet en le rappelant en fin de phrase (dislocation à droite), leur place respective sera tout de même assurée par un pronom :

« Les pommes, il les mange vertes, Alain ! »

Il est d'autres situations où l'ordre S-V-C peut être modifié :

« Vient-elle ? »	*interrogation*
« Est-il idiot ! »	*exclamation*
« Je demande quand vient Mathieu. »	*interrogation indirecte*
« Dehors/Ensuite/Enfin arrivèrent les amis de Mathieu. »	*après un adverbe*
« Sous le pont de Fragnée coule la Meuse »	*après un complément*
« La lettre qu'écrit Mathieu... »	*après un pronom relatif*
« Avant que ne vienne Mathieu, ... »	*après une conjonction*
« S'ajoute la difficile question de l'immigration que les États membres de l'Union se posent depuis des années et à laquelle aucun n'a encore pu trouver une réponse adéquate, malgré les nombreux débats et études qui... etc. »	*long groupe nominal sujet*

6.2.3. Objet

Malgré les différentes dénominations qu'on leur a données à tort ou à raison, nous continuerons à appeler *objets direct* ou *indirect* les compléments étroitement associés aux verbes au point que, nous l'avons vu, il entre dans la caractérisation de ces verbes (éventuellement dans leur signification) de pouvoir ou de devoir être suivis, ou non, de l'un ou/et l'autre de ces compléments. Aussi avons-nous envisagé dans la nature d'un verbe d'être *intransitif, transitif direct, indirect* ou *double*.

En revanche, concernant le terme de *compléments*, nous différencierons

- d'une part, ces compléments <u>du verbe ou de la phrase</u> que sont les *objets*, les *circonstants* et les *modalisants* dont il va être maintenant question,
- d'autre part, les compléments <u>du nom, de l'adjectif, de l'adverbe...</u> qui opèrent au sein des groupes et qui seront traités plus loin.

Pour distinguer ces deux types de fonctions, nous proposons le terme de *complétants* pour les compléments de cette seconde catégorie.

Même s'ils sont étroitement liés au verbe, les objets, directs ou indirects, ne sont pas toujours essentiels ; il arrive qu'on les omette quand ils sont évidents (ellipse), comme nous l'avons déjà fait remarquer. Le trait effaçable/ineffaçable ne permet donc pas à lui seul de distinguer un objet d'un circonstant ; les différents cas de figure déjà présentés à propos de la transitivité des verbes peuvent être ainsi synthétisés :

	objet	*circonstant*
essentiel (*ineffaçable*)	*direct* : « Il accompagne son ami. » *indirect* : « Cela nuit à la santé. »	« Il va à l'étranger. »
inessentiel (*effaçable*)	*direct* : « Il mange ~~son repas~~. » *indirect* : « Il réfléchit ~~au problème~~. »	« Il part ~~à l'étranger~~. »

Notons qu'une phrase peut être syntaxiquement complète sans objet, mais absurde :

« Il est dangereux de respirer. » (!!!) (« Il est dangereux de respirer ce produit toxique. »)

L'objet indirect du verbe se place généralement après l'objet direct :

« Roméo offre des fleurs à Juliette. »

Mais cet ordre est inversé avec les pronoms à la première et deuxième personnes :

« Roméo me/te/nous/vous (*objet indirect*) les (*objet direct*) offre. »
>< « Roméo les (*objet direct*) lui/leur (*objet indirect*) offre. »

Alors que ces pronoms se déclinent, on distingue avant tout le nom-objet indirect par la préposition qui l'introduit et à laquelle il doit son appellation, compte tenu de la transitivité du verbe concerné :

« Lucas suit Élodie (*objet direct*). »

« Lucas succède à Élodie (*objet indirect*). »

« L'hôtesse sert un repas (*objet direct*) aux invités (*objet indirect*). »

« L'hôtesse sert les invités (*objet direct*) en premier lieu. »

Notons que les noms partitifs sont tout de même précédés d'une préposition quand ils sont objets directs :

« Ce travail exige de la patience/du [de + le] temps. » = *objet direct*

« René manque de patience/de temps. » = *objet indirect*

L'objet direct a cette caractéristique de devenir le sujet du verbe à la voix passive, comme déjà signalé plus haut à propos du sujet qui devient alors complément d'agent (« Pablo conduit la voiture » → « La voiture est conduite par Pablo. »).

Enfin, signalons que si ce sont souvent des noms qui assurent la fonction d'objet, des mots d'autres natures peuvent aussi convenir, comme pour la fonction de sujet :

- un pronom : « Colin l'écoute. », « Colin en profite. », « Colin se lave. », « Colin et Chloé se parlent. »
- un adjectif : « Raoul achète européen. » (= des produits européens)
- un adverbe : « Albert donne beaucoup aux pauvres. »
- une interjection : « Luna n'a pas pu retenir un ouf de soulagement. »
- un verbe à l'infinitif : « Nous espérons (de) gagner. » (= « Nous espérons la victoire. »)

Il sera question des propositions complétives-objets dans le chapitre huit consacré aux phrases complexes.

6.2.4. Circonstant

Même s'ils peuvent être parfois indispensables à la construction de la phrase :

« Clara va* » + « ... au travail. »,

ou à sa signification :

« Lors de la promenade, ne marchez pas » (!!!) + « ... sur la pelouse. »,

les circonstants se distinguent généralement des compléments d'objet par leur caractère accessoire dans l'énoncé. Ils représentent surtout un supplément d'information servant à contextualiser ce dont on parle. Ils répondent anticipativement aux questions « où ? », « quand ? », « comment ? », « pourquoi ? »… que peuvent susciter l'évènement ou l'attribution traités.

La fonction de circonstant est surtout dévolue soit à l'adverbe, soit au complément, dits *circonstanciels* :

	adverbe	*complément*	*signification*
« Sofia travaille… »	« nuitamment »	« durant la nuit »	*temps*
	« continuellement »	« sans aucune interruption »	*aspect*
	« courageusement »	« avec beaucoup de courage »	*manière*
	« efficacement »	« avec d'excellents résultats »	*conséquence*
	« pourtant »	« malgré les difficultés »	*opposition*
	« gracieusement »	« pour le plaisir »	*but*
	« alors »	« à cause de cela »	*cause*

Le complément d'agent, à la voix passive, est un circonstant particulier puisqu'il assure le rôle sémantique d'acteur de l'action (sujet à la voix active).

« Léon est récompensé par son patron. »

est la transformation de

« Son patron récompense Léon. ».

Le complément d'agent n'est pourtant pas essentiel, au contraire du sujet ; il est l'équivalent d'un autre circonstant (« Léon est récompensé pour ses efforts. » = complément de cause). Le complément d'agent ne peut cependant pas être supprimé dans une phrase comme celle-ci : « Au retour, la voiture était conduite… » où le complément d'agent « … par Olivier » est indispensable.

Les compléments circonstanciels sont généralement précédés d'une préposition qui marque leur fonction et précise leur signification. Rappelons qu'accompagné de cette préposition, le mot ou le groupe de mots circonstant peut devenir mobile dans la phrase, à l'instar de l'adverbe :

« <u>Dans la forêt</u>, <u>quotidiennement</u>, Rémi se promène <u>avec son chien</u>. »,

« <u>Avec son chien</u>, Rémi se promène <u>quotidiennement</u> <u>dans la forêt</u>. »,

« Rémi se promène <u>quotidiennement</u> <u>dans la forêt</u> <u>avec son chien</u>. »,

« <u>Quotidiennement</u>, Rémi se promène <u>avec son chien</u> <u>dans la forêt</u>. »,

etc.

et que les prépositions sont parfois facultatives :

« Vincent travaille <u>la nuit</u>. »,

« Vincent habite <u>Paris</u>. » (« Paris » peut alors être aussi considéré comme un objet).

Concernant les circonstants, il est nécessaire de différencier
- les **compléments de verbe**
- et les **compléments de phrase**.

Dans la phrase :

« <u>Dans le parc</u>, on ne peut pas marcher <u>sur la pelouse</u>. »,

on constate que les deux compléments de lieu n'ont pas le même statut : « sur la pelouse » se rapporte directement au verbe « marcher », tandis que « dans le parc » concerne l'ensemble de la phrase.

On ne pourrait d'ailleurs pas intervertir la position des deux circonstants de lieu :

« <u>Sur la pelouse</u>, on ne peut pas marcher <u>dans le parc</u>. »*

Ce serait aussi le cas pour la phrase :

« Luciana range les vêtements <u>dans l'armoire</u> <u>dans sa chambre</u>. »

qui serait représentée par le stemma ci-dessous où l'on voit que le circonstant « dans l'armoire » fait partie du syntagme verbal, alors que le complément « dans sa chambre » compose un syntagme prépositionnel à lui seul :

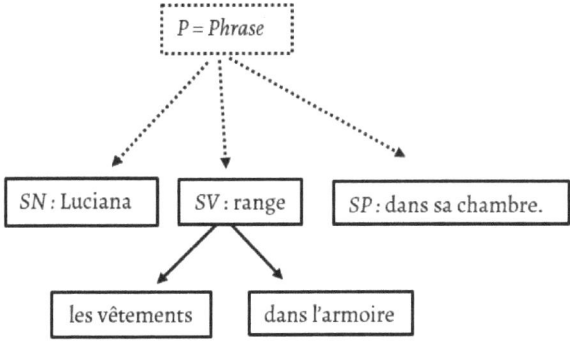

Il peut subsister une ambigüité selon le statut du circonstant. Dans la phrase :

« Julie a écrit la lettre selon les recommandations de Benjamin. »

on ne sait pas s'il s'agit

- seulement du fait d'écrire la lettre (complément – de cause – de la phrase),
- ou plus précisément du contenu de cette lettre (complément – de manière – du verbe) qui est en question.

6.2.5. Modalisant

Les *modalisants* sont également des adverbes ou des compléments de phrases comme les circonstants, mais ils n'apportent cependant pas d'informations supplémentaires concernant les faits ou propriétés rapportés. Contrairement aux circonstants, les *modalisants* expriment des appréciations de la personne – « je » implicite ou explicite – qui énonce la phrase. Les *modalisants* relèvent donc de l'énonciation (de l'énonciateur, plus particulièrement), tandis que les circonstants concernent l'énoncé. Dans la phrase :

« Avant tout, Bernard viendra heureusement à la réunion demain, peut-être avec ses amis. »,

si les circonstants

« à la réunion »,
« demain »,
et « avec ses amis »,

complètent objectivement l'information que « Bernard viendra », on constate que

> « Avant tout »,
> « heureusement »,
> « peut-être »,

sont des commentaires et appréciations de la personne qui l'annonce.

Les *modalisants*, adverbes ou compléments, peuvent transmettre des évaluations de trois ordres :

	adverbes	*compléments*
- <u>certitude ou responsabilité</u> de l'énonciateur à propos de ce qu'il dit	« peut-être », « certainement », « probablement », « sans aucun doute », « apparemment »...	« en toute hypothèse », « sans aucun doute », « de toute évidence », « selon les sources », « d'après les témoins »...
- <u>jugement subjectif</u> de l'énonciateur sur l'opportunité, la valeur, la qualité des faits ou propriétés dont il fait état	« heureusement », « enfin », « bien sûr », « bizarrement », « bêtement »...	« à mon avis », « de manière curieuse », « de façon méritée », « contre toute logique »...
- <u>organisation ou commentaires métadiscursifs</u> des propos que l'énonciateur tient	« franchement », « brièvement », « premièrement », « ensuite »...	« en premier lieu », « par exemple », « en guise d'introduction », « pour confirmation »...

La position de l'adverbe peut en faire un modalisant ou un circonstant. Comparer :

> « Martha a expliqué <u>franchement</u> la situation dans tous les détails. »
>
> (*circonstant* qui décrit la manière dont Martha a expliqué la situation)

« <u>Franchement</u>, Martha a expliqué la situation dans tous les détails. »
(*modalisant* qui décrit l'état d'esprit de l'énonciateur qui parle de Martha)

Nous avons vu que les modes, les temps, les semi-auxiliaires et d'autres expressions verbales permettaient aussi d'exprimer la modalité. Des interjections peuvent également modaliser un propos (« Nathalie, <u>hélas</u>, ne pourra pas venir demain. »). Il est aussi possible de modaliser un nom (« un <u>prétendu</u> avocat ») ou un adjectif (« un homme <u>soi-disant</u> intelligent »). Notons pour finir qu'il existe des suffixes modaux : une personne « créd<u>ible</u> », « élig<u>ible</u> » ou « admir<u>able</u> » est bien une personne qui peut ou doit être « crue », « élue » et « admirée », sans que l'on puisse pourtant le garantir.

Ces cinq premières fonctions que l'on peut appeler *primaires* – prédicat, sujet, objet, circonstant, modalisant – concernent le fonctionnement de la phrase autour de son prédicat. Les cinq fonctions suivantes – adjuvant, complétant, modifiant, déterminant, substitut – sont *secondaires* car elles concernent le fonctionnement des groupes de mots.

6.2.6. Adjuvant

Nous appellerons *adjuvants* les mots qui, dans la phrase, se rapportent à d'autres pour en préciser, en compléter, en nuancer le sens, sans l'intermédiaire d'une préposition, ce qui les distingue des compléments dont il sera ensuite question. Ce sont les adjectifs et les noms qui sont chargés de cette fonction que l'on peut décomposer en trois types : *épithète*, *attribut* et *apposition*.

	adjectif	*nom*	*autres natures*
épithète	« une voiture <u>sale</u> », « le lait <u>maternel</u> »	« une robe <u>orange</u> », « un coup <u>vache</u> »...	« un homme <u>bien</u> », « un argument <u>pour</u> »...
attribut	« James est <u>sympathique</u> » (sauf adjectif relationnel !)	« James est <u>(un) ingénieur</u> »	« James est <u>en colère</u> »

apposition	(≠ épithète détachée : « <u>Malade</u>, Pauline ne pourra pas venir. »)	« <u>Étudiante</u>, Pauline a droit à une réduction. »

6.2.6.1. L'épithète

L'adjectif épithète – ou le mot considéré comme tel (« orange », « bien »...) – peut avoir deux fonctions différentes :

a) L'adjectif est **explicatif** quand l'information supplémentaire qu'il apporte à propos du nom n'est pas essentielle et que la phrase reste complète et significative si on l'efface :

> « Après la fête, le sol était jonché de ~~vieux~~ papiers et de bouteilles ~~vides~~. »

b) L'adjectif est **déterminatif** quand l'information qu'il apporte permet de discriminer des objets différents parmi ceux que désigne le nom :

> « Rangez les bouteilles vides dans la boite et les bouteilles pleines dans l'armoire ! »

Contrairement à l'adjectif qualificatif, l'adjectif déterminatif ne peut pas être supprimé sous peine de rendre la phrase incompréhensible :

> « Rangez les bouteilles dans la boite et les bouteilles dans l'armoire. » (!!!)

Parfois la distinction n'est possible que si l'on connait le contexte. Si on apprend que « André s'est fait voler son vieux vélo. », faut-il en conclure

- qu'André n'a plus de vélo du tout (« vieux » = adjectif explicatif),
- ou que c'est seulement le plus ancien de ses vélos qu'on lui a volé (« vieux » = adjectif déterminatif) ?

Il faut aussi comparer les adjectifs selon la position qu'ils doivent ou peuvent occuper par rapport au nom auquel ils se rapportent. Même si l'ordre le plus courant en français est *Nom + Adjectif* (contrairement à l'anglais), la position de l'adjectif n'est pas systématique. Quand il est possible, le choix de sa place peut d'ailleurs avoir un effet de sens. Cette caractéristique distributionnelle des adjectifs relève aussi des usages.

antéposition	*postposition*	*justification*
« la haute montagne », « une belle maison », « un grand problème »		*1 seule position possible : adjectif court et courant*
	« un jour extraordinaire », « une robe rouge », « un plat froid », « l'époque classique », « une histoire oubliée »	*1 seule position possible : adjectif plus long que le nom, de couleur, de caractéristique physique, de classification, participe*
« une première expérience »		*1 seule position possible : adjectif ordinal*
	« une décision ministérielle », « son pays natal »	*1 seule position possible : adjectif relationnel*
« à plate couture », « un nouveau-né »	« un lieu commun », « l'état civil »	*1 seule position possible : formule consacrée*
« une magnifique histoire », « une vraie histoire »	« une histoire magnifique », « une histoire vraie »	*2 positions possibles, sans effet de sens caractéristique*
« un jeune homme », « sa propre chemise », « un seul homme », « cher ami »	« un homme jeune », « sa chemise propre », « un homme seul », « un ami cher »	*2 positions possibles, avec différence de signification*

Sauf pour les adjectifs relationnels, l'épithète peut être détachée de son nom quand on veut la mettre en évidence, et également lui donner une fonction de circonstant (de cause). Comparer :

- « La jeune fille malade ne participera pas au concours. »

– « (Parce qu'elle est) Malade, la jeune fille ne participera pas au concours. »

Signalons que l'épithète doit être détachée avec un nom propre : « Malade, Pauline ne viendra pas. » ou « Pauline, malade, ne viendra pas. »

6.2.6.2. L'attribut

La fonction d'attribut du sujet ou de l'objet peut être tenue par les adjectifs qualificatifs (à l'exclusion des adjectifs relationnels) et les noms. Dans ce cas, ces noms et adjectifs sont essentiels ; leur effacement rendrait la phrase incomplète.

a) Le nom ou adjectif **attribut du sujet** est relié au nom auquel il se rapporte au moyen d'un verbe copule (« être », « devenir », « paraître », « avoir l'air », « sembler »…).

« Laurent est amoureux. » ; « Laurent est (un) informaticien. »

Des expressions peuvent également tenir la fonction d'attribut, comme dans

« Laurent est en colère » (=furieux) ou « en forme » (= vigoureux),

exemples qu'il ne faut pas confondre avec des phrases comme « Laurent est en vacances » ou « en famille » dans lesquelles « être » n'est pas un verbe copule mais lexical (= « se trouver »).

b) Le nom ou l'adjectif **attribut de l'objet direct** est directement associé au nom auquel il se rapporte après les verbes comme « estimer », « juger », « croire », « penser », « rendre », « trouver », « nommer », « tenir pour », « considérer comme », « laisser » …

« Nous croyons Naomi innocente. » (équivalent de : « Nous croyons que Naomi est innocente. ») ;
« Son succès me rend heureux. » ;
« Les membres du Conseil nomment leur collègue Dupont président. » ;
« Valérie ne connaissait pas Khalid aussi timide. »

6.2.6.3. L'apposition

L'apposition est un nom, un groupe nominal ou un pronom, de même niveau que le (groupe de) mot(s) auquel il se rapporte, positionné juste devant ou après lui, généralement sans lien syntaxique.

« Mon ami Georges vient diner demain. »

On associe l'apposition à l'apostrophe en discours direct :

« "Georges, mon ami, viens diner demain !" »

Le principe de l'apposition est qu'elle désigne le même objet que le nom auquel elle est associée.

Il faut donc la distinguer clairement du complément du nom : dans « l'ami de Georges », le nom « ami » et son complément « Georges » représentent deux personnes différentes, tandis que le nom et son apposé dans « mon ami Georges » représentent une seule et même personne.

Il ne faut pas non plus confondre l'apposition avec l'épithète détachée qui est un adjectif :

« Bienveillant, Georges me donne toujours de bons conseils. »

ni avec l'attribut qui recourt au verbe copule :

« Georges, qui est mon ami, me donne toujours de bons conseils. »

Notons qu'il est des cas où l'apposition est reliée au nom auquel elle se rapporte par une préposition, ce qui rend plus difficile la distinction avec un complément du nom. Dans les exemples suivants :

« la capitale de l'Italie », « le mois de sa naissance », « le fils de la famille »,

le nom complété et le complément associent deux réalités distinctes ; par contre, dans ces autres expressions :

« la ville de Rome », « le mois de mai », « son étudiant de fils »,

le nom et son apposition renvoient à la même réalité (« Rome » = « ville », « mai » = « mois », « son fils » = « étudiant »).

L'apposition peut aussi être introduite par la préposition « quant à » :

« Quant à Georges, il viendra demain. »

L'apposition peut s'adjoindre...

- à un nom (propre ou commun) : « Le chat, <u>félin domestique</u> », « <u>Madame</u> Dupont », « un enfant <u>artiste</u> », « une girafe <u>mâle</u> » (fort proche de l'épithète) ;
- à un pronom : « Lui, <u>un homme si généreux</u>... », « Nous, <u>professeurs de cette université</u>... », « <u>Témoin de l'accident</u>, il a tout raconté à la police. » ;
- à un infinitif : « Enseigner, <u>passionnante vocation !</u> » ;
- à un syntagme : « Cet homme est ignorant et, <u>défaut moins pardonnable</u>, insolent. », « Il conduit maladroitement, et, <u>chose plus grave</u>, trop rapidement. » ;
- à une phrase entière : « Nous sommes allés entendre *Carmen* hier à l'opéra national, <u>soirée inoubliable</u> ! »...
- ... dont elle peut représenter une synthèse : « L'automobiliste a raté le virage, a fait plusieurs tonneaux avant de percuter un arbre, <u>accident qui n'aura cependant fait aucune victime</u>. » ;
- ... voire une désignation métadiscursive : « <u>Premier exemple de mon exposé</u>, la situation des étudiants démontre qu'il est urgent de... ».

Comme l'apposition peut se placer avant ou après le nom qu'elle complète et qu'ils sont tous deux sur le même pied, il arrive qu'on ne parvienne pas à les distinguer :

« mon ami Georges »/« Georges mon ami »,

les deux mots peuvent être considérés chacun comme apposé de l'autre.

Une ambiguïté peut aussi se présenter concernant le terme auquel l'apposition se rapporte :

« Christelle a connu Jeanne <u>petite fille</u> » (Qui était alors petite fille, Christelle ou Jeanne ?).

L'apposition est souvent syntaxiquement effaçable, mais il est des cas où la phrase perdrait son sens :

« Charles a quitté l'université <u>docteur</u>. »

6.2.7. Complétant

Comme annoncé, le terme de *complétant* est adopté pour distinguer ...

- les compléments de verbe et de phrase (à savoir : les objets, les circonstants et les modalisants) qui ont déjà été traités,
- et les compléments au sein des groupes dont il est maintenant question :

a) complément du nom : « un problème de santé », « la poêle à frire », « le frère d'Anne », « une porte en bois », « une réaction contre nature », « une mesure pour l'avenir »

b) complément de l'adjectif : « fou de sport », « capable de tout », « prêt à l'emploi »… ; de l'adjectif comparatif : « plus rapide que le lièvre » ; de l'adjectif superlatif : « le plus rapide des animaux »

c) complément de l'adverbe : « conformément à ses habitudes », « malheureusement pour lui », « près de chez lui », « moins que lui », « beaucoup de temps »

d) complément du déterminatif : « nul autre que lui », « rien du tout »

e) complément de la préposition : (selon certaines interprétations) « Il mangera avant de partir. »

Les compléments ci-dessus – *complétants* donc – sont introduits par une préposition (fréquemment « de » et « à », mais aussi d'autres plus précises : « en », « pour »…) qui indiquent leur fonction et éventuellement une relation logique avec les mots qui précèdent et auxquels ils se rapportent.

Les *complétants* peuvent aussi être de différentes natures : généralement…

- un nom ou un syntagme nominal : « la réussite de ses examens de médecine », « prêt au départ pour les États-Unis la semaine prochaine », « conformément aux souhaits qu'il exprime depuis si longtemps » ;
- un pronom : « son amour pour elle », « folle de lui », « loin de moi… » ;

mais aussi

- un adjectif : « quelque chose d'heureux », « rien de bon » ;
- un adverbe : « un homme de bien », « capable de mieux » ;
- un verbe : « peur de partir », « une histoire pour rire ».

Comme les adjectifs, les *complétants* peuvent être seulement explicatifs, donc effaçables, ou déterminatifs, donc essentiels à la compréhension de la phrase. Par exemple, « de santé » n'est pas indispensable dans la première des phrases suivantes, mais bien dans la seconde :

> « Un problème (de santé) l'empêche de venir ce soir. »
>
> « Un problème de santé nécessite l'intervention d'un médecin. »

6.2.8. Modifiant

Cette fonction – qui consiste à nuancer l'information ou la portée du mot sur lequel elle porte – relève d'un troisième type d'usages de l'adverbe dont ont déjà été présentées les fonctions de *circonstant* (« hier », « loin », « vite »...) et de *modalisant* (« peut-être », « heureusement », « en bref »...).

Dans leur rôle de *modifiants*, les adverbes agissent sur...
- un verbe : « il parle fort », « il a assez travaillé » ;
- un nom : « un quasi-médecin » ;
- un déterminatif : « juste cent euros » ;
- un pronom : « Elle aussi est venue » ;
- un adjectif : « il est peu sympathique » ;
- un autre adverbe : « Il va très bien » ;
- une préposition : « tout près de toi » ;
- une conjonction : « bien avant qu'il n'arrive ».

On pourrait considérer la négation comme une modification ultime des mêmes termes :

> « Il n'a pas travaillé », « un non-pratiquant », « pas même une heure », « elle n'est pas venue non plus », « il n'est pas sympathique », « Il ne va pas bien », « pas tout près de toi », « pas avant qu'il n'arrive »

6.2.9. Déterminant

C'est le rôle exclusif des *déterminatifs* d'assumer le rôle de *déterminant*, fonction double qui consiste, sur le versant syntaxique, d'introduire un nom dans le groupe nominal (l'énoncé) et, sur le versant pragmatique, de l'actualiser dans la situation de communication (l'énonciation).

Le mot « pomme » n'est qu'un mot, sans attache avec la réalité, jusqu'au moment où on l'accompagne d'un déterminatif –

« Cette/La/Ma... pomme » – qui en fera un objet particulier qui participe du monde et du vécu des personnes qui en parlent. Nous avons vu que le prédicat également inscrit – par ses dimensions personnelles, temporelles, aspectuelles et modales – la phrase dans la réalité des interlocuteurs pour en faire un acte de langage.

Les *déterminants*, en particulier les démonstratifs, sont donc :

- **déictiques** quand ils désignent un référent du monde (de l'énonciation) :

  « Ce/le/mon livre... que je montre du doigt. »

- **anaphoriques** quand ils désignent (au sein du même énoncé) des éléments de langage :

  « Ce/le livre, ce/le sujet, cette/l'histoire... dont il est question dans les phrases précédentes ou suivantes. »

Quand les phrases se suivent au cours d'un texte ou d'une conversation, les deux références peuvent finir par se confondre.

6.2.10. Substitut

Comme celle des déterminants, la double fonction des substituts, en particulier les pronoms, consiste...

- à remplacer un mot déjà cité ou bientôt cité (fonction **anaphorique**) :

  « Roméo a acheté des fleurs pour Juliette. Il les lui offrira ce soir. »

- ou à renvoyer à un élément de la réalité (fonction **déictique**) :

  « Pouvez-vous m'apporter ceci ? (le livre que je vous montre devant nous) »

et à assumer, voire à indiquer (grâce à la déclinaison des pronoms) leur fonction dans la phrase :

« Il (= sujet) les (= objet direct) lui (= objet indirect) offrira ce soir. »

Les pronoms personnels de la première et deuxième personnes sont forcément déictiques (« je/me/moi », « nous », « tu/te/toi », « vous ») puisqu'ils désignent *de facto* des personnes de l'énonciation. Les pronoms de la troisième personne (« il(s)/elle(s)/lui (leur) »), comme les pronoms démonstratifs (« ceci », « cela »), ne sont déictiques que s'ils renvoient expressément à une personne ou un objet de la réalité.

Il faudrait aussi compter parmi les substituts qui permettent d'éviter des répétitions ou d'apporter des précisions d'une phrase à l'autre :

- les synonymes ou hyperonymes :

    « Le labrador du voisin aboie sans arrêt ; l'animal réveille le quartier chaque nuit. » ;

- les appositions :

    « Georges est venu hier ; mon vieil ami d'enfance n'était pas en très grande forme. »

6.2.11. Lien

Les liens entre mots, groupes de mots et propositions sont assurés par les prépositions et les conjonctions.

6.2.11.1. Les prépositions

introduisent un nom complément pour l'associer ...

- soit à un verbe et ainsi indiquer sa fonction dans la phrase (objet, circonstant ou modalisant) :

    « De toute évidence, les fleurs ont été offertes à Marie par son frère avant son départ. »

- soit, à titre de *complétant*, à un autre mot du même groupe :

    « Le chapeau de la dame », « heureux de votre réussite », « conformément au règlement »

6.2.11.2. Les conjonctions

a) de **coordination** associent deux mots, groupes de mots ou propositions de même niveau syntaxique :

    « Henri (ne) viendra voir (ni) son frère et/ou/(ni) sa sœur. »

« Henri viendra au mariage de son frère et/donc au repas qui suivra. »

« Henri viendra au mariage de son frère et/mais il repartira aussitôt à l'étranger. ».

b) de **subordination** associent une proposition subordonnée à une proposition principale en indiquant ainsi la fonction (complétive ou circonstancielle) et la relation sémantique (temps, cause, but, opposition...) de la proposition subordonnée :

« Henri n'a pas oublié qu'il doit venir. »

« Henri viendra dès qu'il en aura le temps. »

Le verbe de la proposition subordonnée peut être à l'infinitif ; la conjonction de subordination aura alors une forme simplifiée, proche de la préposition :

« Il viendra me voir avant qu'il ne parte. »

« Il viendra me voir avant de partir. »

« Il viendra me voir avant son départ. »

Il faut enfin noter que les liens peuvent aussi – comme des modalisants – témoigner de l'avis de l'énonciateur. Comparer :

« Henri est venu { grâce à / à cause de / en raison de } ces circonstances exceptionnelles. »

où le choix de la préposition dépend de la relative satisfaction de voir Henri chez celui qui parle.

Les conjonctions de cause « parce que » et « puisque » sont très semblables, souvent commutables. Si l'énonciateur choisit la seconde, c'est en référence à une information précédente, dont il ne prend peut-être pas la responsabilité. Comparer :

« Le médecin l'a enjoint de ne pas travailler parce qu'il était malade. »

« — D'accord, ne viens pas travailler puisque (tu me dis que) tu es malade. »

6.2.12. Autres fonctions

6.2.12.1. Les **introducteurs** permettent de débuter des phrases et d'en modifier l'ordre habituel

- pour mettre en évidence un de ses constituants :

    « Je t'ai acheté une nouvelle bicyclette. »
    → « <u>C'est</u> la nouvelle bicyclette <u>que</u> je t'ai achetée. »
    → « <u>C'est</u> pour toi <u>que</u> j'ai acheté cette nouvelle bicyclette. »

    « Franck est avec une jeune femme. »
    → « <u>Il y a</u> une jeune femme avec Franck. »

- ou pour maintenir l'ordre de l'affirmation, tout en posant une question :

    « Cécilia vient-elle ? »
    → « <u>Est-ce que</u> Cécilia vient ? »
    → « <u>Est-ce que</u> c'est Cécilia <u>qui</u> vient ? »

6.2.12.1. Les **interjections**, qui constituent une phrase à elles seules, n'ont pas de fonction dans la phrase qu'elles précèdent, terminent ou interrompent, si ce n'est – par leur caractère spontané et émotionnel – de modaliser le propos de l'énonciateur :

« Ouf ! Joël viendra ! »
« Joël ne viendra pas, zut ! »
« Joël, hélas, ne viendra pas. »

CHAPITRE SEPT

La phrase simple

Ont été définies l'unité *mot* et les unités supérieures que ce mot forme en s'assemblant à d'autres mots : le *syntagme*, puis la *proposition*, enfin la *phrase*, la configuration ultime de la syntaxe ici envisagée. Viennent d'être décrites les différentes *natures* que ce mot peut avoir et les différentes *fonctions* qu'il peut tenir dans la phrase. Vont maintenant être présentées les constructions qui régissent – par-delà la linéarité – la composition organique, partant le fonctionnement de cette phrase.

Il faut répéter que la dimension qui sera maintenant explorée est implicite, seule la succession des mots (des lettres à l'écrit, des sons à l'oral) étant explicite, empiriquement perceptible et descriptible. Pour bien marquer la différence, certains linguistes distinguent *structure de surface* et *structure profonde* – la première (particulière) issue de la seconde (générale), mais la seconde (théorique) induite de la première (concrète). Le célèbre linguiste Saussure opposait quant à lui la langue (modèle idéal) à la parole (usage réel, forcément imparfait). Les modèles de construction dont il va être question sont donc conçus *a posteriori* en vue d'expliquer l'infinité de phrases qu'un locuteur lambda peut produire ou comprendre. Ces modèles ne seront jamais que des représentations que les linguistes proposent du fonctionnement de la langue à partir de phrases attestées (le corpus). On n'en aura jamais la confirmation exacte et définitive : le scanner et autres techniques d'imagerie médicale permettent de découvrir le fonctionnement du cerveau des humains mais pas le fonctionnement de la langue qu'ils parlent. En d'autres termes, on ne peut décrire qu'indirectement les compétences linguistiques au travers des performances réelles que ces compétences permettent. Notons en passant que ces modèles de compétences peuvent trouver une certaine forme de validation technique dans l'*Intelligence Artificielle*, lors de la programmation d'ordinateurs à la pratique de la langue humaine, situation où les facteurs innés ou imprévus ne peuvent être invoqués.

7.1. Les représentations de la phrase

Ont déjà été évoquées en introduction diverses présentations graphiques que les enseignants pouvaient dessiner au tableau pour expliquer l'organisation de la phrase à leurs élèves.

7.1.1. Aussi naïve puisse-t-elle paraitre, la **représentation dynamique** sous forme d'un train, avec la *locomotive* sujet-verbe qui tire les *wagons* des divers syntagmes, compléments et propositions les uns après les autres, a l'avantage de montrer que la construction de la phrase est non seulement activée mais aussi conditionnée par la linéarité du langage. Les modules de la structure de la phrase et les informations que ces modules véhiculent s'appellent l'un l'autre, se succèdent et se complètent selon un ordre attendu au fur et à mesure de son déroulement.

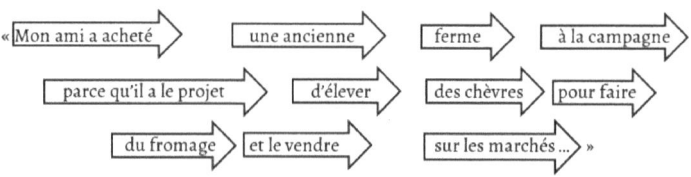

Cet ordre attendu peut être modifié – *à contre-courant* – pour mettre en évidence certaines informations :

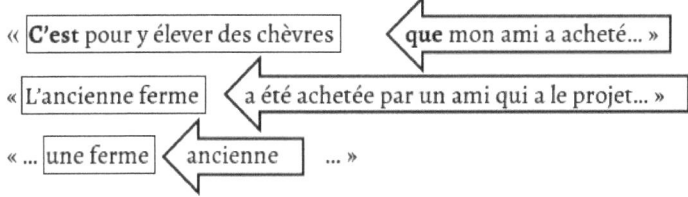

Pour rendre compte de cette dynamique constructrice de la phrase généralement sous-estimée, un linguiste a naguère proposé de lui consacrer une analyse justement intitulée *cinéto-syntaxe* (Léon Warnant). Le déroulement de la phrase peut théoriquement se prolonger sans fin, comme sous la plume de Proust, avec l'inconvénient cependant de soumettre à rude épreuve la locomotive qui en est le moteur, partant la mémoire du lecteur.

7.1.2. Pour sa part, la **représentation atomique ou satellitaire** de la phrase met l'accent sur l'attirance des mots les uns par rapport aux autres pour former de petits puis de plus grands groupes, des constellations ou des molécules. Cette force d'attraction – par exemple du déterminatif et de l'adjectif pour leur nom et, de ce nom, sujet ou complément d'objet, pour le verbe – crée ainsi des mouvements au sein de la phrase.

En effet, à chaque palier, les groupes se caractérisent autant par des relations centripètes qui en assurent la cohésion interne, que par les relations centrifuges qui les rattachent à l'unité supérieure, en fonction de la hiérarchie sous-jacente :

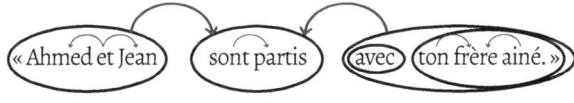

Ainsi se crée et s'élargit l'orbite de la phrase qui peut accueillir de nouveaux syntagmes, compléments, propositions :

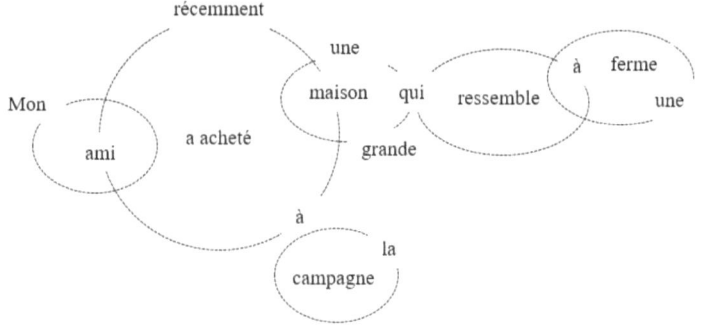

« Mon ami a récemment acheté à la campagne une grande maison qui ressemble à une ferme. »

7.1.3. Les plus fréquentes restent cependant les **représentations pyramidales** de la phrase qui ont l'inconvénient d'en donner une vision statique mais l'avantage de mettre en évidence, niveau après niveau, la hiérarchie qui s'établit entre les unités.

La structure pyramidale connait deux variantes importantes :

a) La conception monocéphale place le verbe conjugué-prédicat au sommet de la pyramide. Sous lui et à son service, les mots-fonctions sont placés tous au même niveau ; et, au service de ces mots, à un niveau encore inférieur, éventuellement d'autres mots qui les déterminent ou les complètent (article, adjectif...).

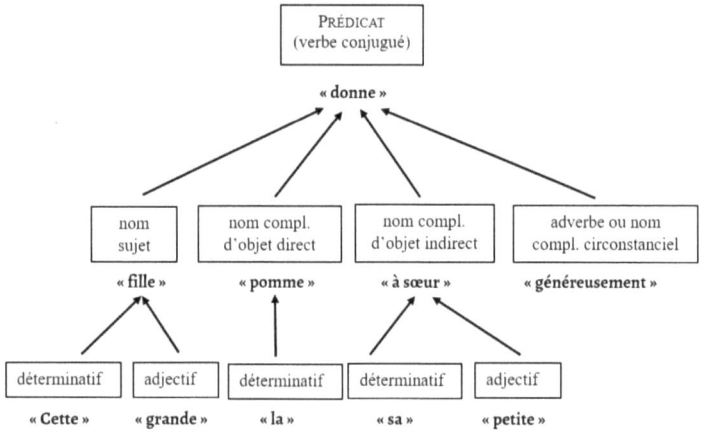

« Cette grande fille donne la pomme à sa petite sœur généreusement. »

Le linguiste structuraliste Lucien Tesnière avait comparé cette présentation de l'organisation de la phrase (qu'il appelait un *stemma*) à une pièce de théâtre dont le verbe – qui domine parce qu'il n'est complément à rien – représenterait le motif principal auquel tous les autres mots-fonctions contribuent en tant qu'*actants*. Il faut noter que dans cette configuration le sujet (*premier actant*) est sur le même pied que les autres actants (*deuxième* et *troisième actants* pour les compléments d'objet direct et indirect) et que les *circonstants* (adverbes ou compléments circonstanciels).

b) Ce qui n'est pas le cas avec la représentation pyramidale du second type – <u>bicéphale</u> – où l'on retrouve la dyade logique déjà évoquée à propos de la définition de la proposition et de la phrase : d'une part le sujet (désignation d'un thème), de l'autre le prédicat (attribution à ce thème d'une propriété ou d'une action). C'est le linguiste Noam Chomsky qui renoue avec cette tradition dualiste classique pour proposer ce type d'arborescence maintenant le plus courant :

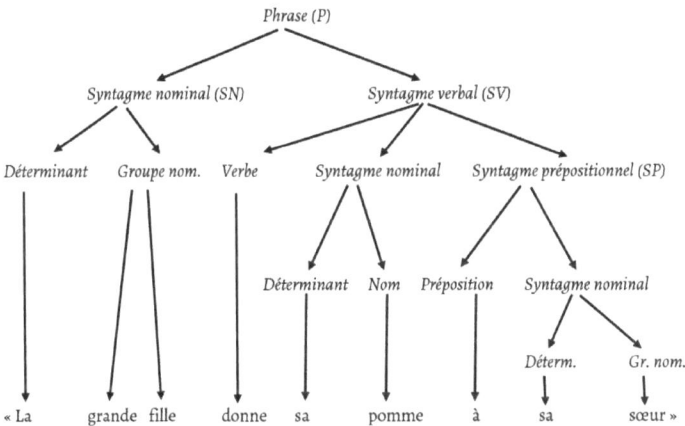

Sans entrer dans les détails théoriques, signalons seulement que le sommet de la pyramide est occupé par la phrase (P) – en quelque sorte sa signification initiale qui se concrétise finalement dans la succession des mots en structure de surface. Chomsky fait en effet l'hypothèse que cette arborescence, en structure profonde, ne décrit pas seulement l'organisation des phrases mais explique comment elles sont fabriquées pour transmettre verbalement des pensées, raison pour laquelle le linguiste américain qualifie sa grammaire de *générative*. La structure représente donc un processus d'encodage (pour le locuteur) et, inversement, de décodage (pour son interlocuteur) d'une idée. Les constituants fondamentaux de cette phrase sont – sans aucune référence à une fonction grammaticale – les syntagmes nominal (SN) et verbal (SV), facultativement complétés d'un syntagme propositionnel (SP). Chomsky dira que la phrase se réécrit donc : P → SN + SV (+ SP).

En comparaison avec le stemma de Tesnière, on notera …

- que le sujet et le prédicat sont ici sur le même pied puisqu'ils constituent ensemble les deux pôles de la phrase ;
- que les compléments d'objet direct et indirect font partie intégrante du syntagme verbal.

Dans cet ouvrage, nous privilégierons cette dernière représentation pyramidale car elle permet le mieux d'établir les groupes de mots et les liens entre eux dans la composition de la phrase. Il est ainsi facile, par exemple, de visualiser les deux interprétations possibles de la phrase ambiguë déjà citée : « La petite brise la glace. »

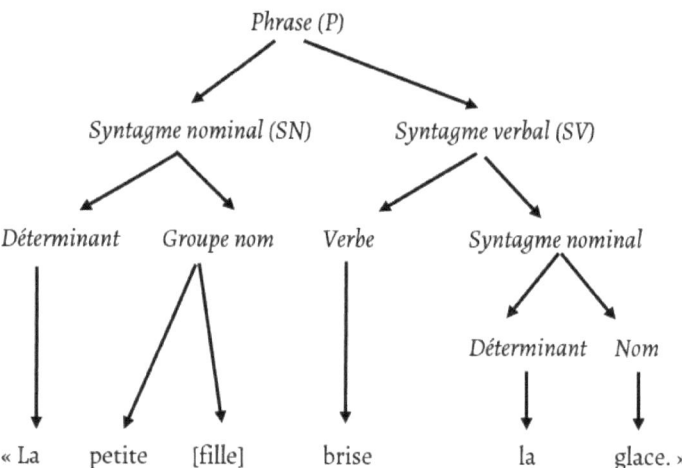

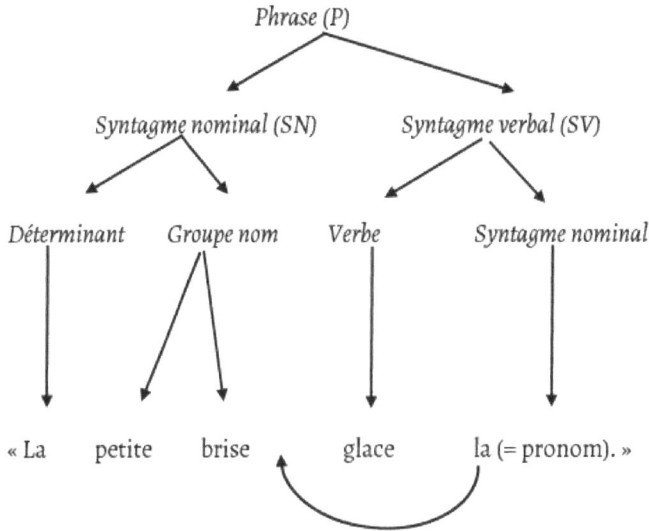

Cependant, nous éviterons, d'une part, les complexités de la grammaire générative qui seront inutiles ici, et, d'autre part, nous ne nous priverons pas de recourir à d'autres théories ou pratiques syntaxiques, notamment en nous référant à la fonction des (groupes de) mots qui était l'objet du précédent chapitre.

7.2. Réduction de la phrase : les structures de base

Une des principales caractéristiques du système de la langue est son économie. Seulement trente-six phonèmes, à l'oral, et vingt-six lettres, à l'écrit, permettent de former tous les mots de la langue française. Quant aux phrases, en nombre infini vu toutes celles que peut prononcer ou écrire un seul locuteur, *a fortiori* tous les francophones du monde, leurs formations – aussi multiples, variées, originales, désordonnées, complexes peuvent-elles paraître – ne reposent tout compte fait que sur seulement quelques structures de base différentes.

Pour s'en rendre compte, on procèdera par réduction comme cela a déjà été expliqué au chapitre trois, en supprimant de la phrase tous les (groupes de) mots *effaçables* – dont la disparition ne rend la phrase donnée ni incorrecte ni inintelligible – pour ne garder que les (groupes) de mots *essentiels* – indispensables à la structure de la phrase.

On l'a déjà vu, sont essentiels :
- le verbe prédicat ;
- le nom ou pronom sujet ou attribut ;
- le nom ou pronom complément d'objet (sauf cas particulier : objet direct effaçable : « Il lit ~~un livre~~. » ; objet indirect effaçable : « Obéis-~~moi~~ ! ») ;
- certains noms ou pronoms compléments circonstanciels ineffaçables (« Il habite <u>à la campagne</u>. », « Elle <u>y</u> va. ») ;
- certains adverbes ineffaçables (« Tout va <u>bien</u>. », « Elle se trouve <u>ici</u>. ») ;
- les déterminatifs (sauf pour les noms propres) ;
- certains adjectifs ineffaçables (attributs : « La situation est <u>intenable</u>. », « Nous considérons la situation <u>intenable</u>. » ; ou déterminatifs : « On range les bouteilles <u>vides</u> à gauche, les bouteilles <u>pleines</u> à droite. »).

Ainsi, en effaçant les (groupes de) mots inessentiels, on dégage *la phrase simple* à partir de laquelle la phrase originelle s'est développée :

> « Le mois prochain, la célèbre journaliste de la télévision voyage avec son équipe en Afrique pour un reportage sur la disparition des éléphants. »
>
> → « ... la célèbre journaliste de la télévision voyage... pour un reportage sur la disparition des éléphants. »
>
> → « ... la... journaliste... voyage... pour un reportage... »
>
> → « La journaliste voyage. »

Si l'on procède de même pour cette infinité de phrases que comporte le corpus, on obtient les quelques phrases simples sur la base desquelles toutes les autres ont été, sont et seront construites. Au nombre de six seulement, ces structures prototypiques jouent en quelque sorte le rôle de matrices syntaxiques des phrases de la langue française. Non seulement elles permettent d'en produire et d'en comprendre de nouvelles à l'infini, mais elles constituent aussi leurs fondations architecturales sur lesquelles on peut ajouter – également à volonté – des annexes (des compléments) et des étages (des propositions subordonnées) supplémentaires.

Voici ces structures élémentaires dont – insistons bien – chacun des termes est essentiel, donc indispensable pour former une phrase correcte et intelligible.

7.2.1. Sujet + verbe

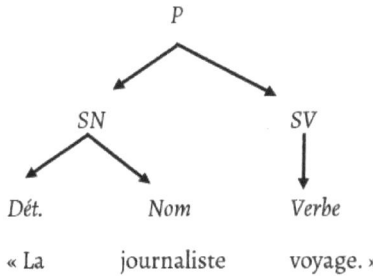

Dans cette structure, le verbe est ...
- soit un verbe intransitif qui peut s'employer seul, comme c'est le cas pour la plupart des verbes intransitifs : « venir », « dormir », « mourir »...
- soit un verbe transitif qui peut s'employer seul : « écrire », « manger », « chanter »...
- soit un verbe impersonnel *météorologique* : « Il pleut. », « Il gèle. »

7.2.2. Sujet + verbe copule + attribut

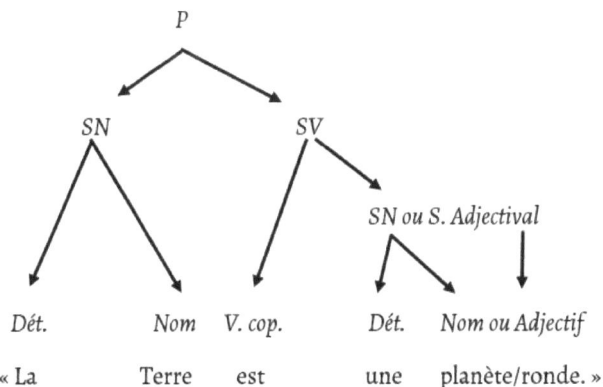

Les verbes copules établissent une correspondance directe entre deux éléments ou notions (« Dakar est une capitale. »), ou avec une propriété spécifique (« L'eau est tiède. »). En plus du principal verbe copule « être », sont aussi copules les verbes « sembler », « paraître », « devenir », « rester », « avoir l'air », « passer pour », « tomber (malade, amoureux) » ; tous peuvent introduire...

- soit un nom attribut : « Benoît est/devient/reste (un) artisan. »
- soit un adjectif attribut : « Ses compétences sont/semblent/passent pour exceptionnelles. »
- soit une expression comparable : « Marc est en colère » (= furieux)

7.2.3. Sujet + verbe transitif direct + objet direct

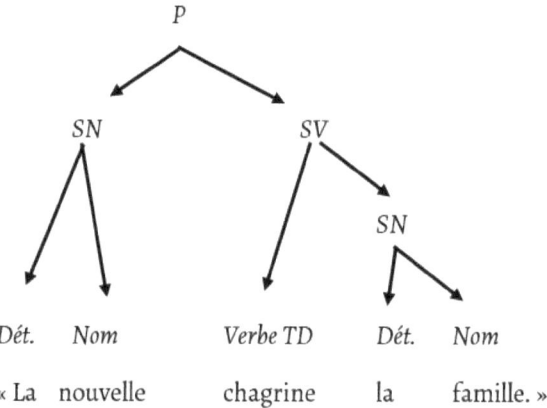

Le verbe est un verbe transitif direct qui exige d'être accompagné d'un complément d'objet direct (« accompagner », « poser », « affliger » ...). Nous avons déjà évoqué le cas des verbes transitifs qui peuvent se présenter sans complément d'objet direct.

7.2.4. Sujet + verbe transitif indirect + préposition + objet indirect

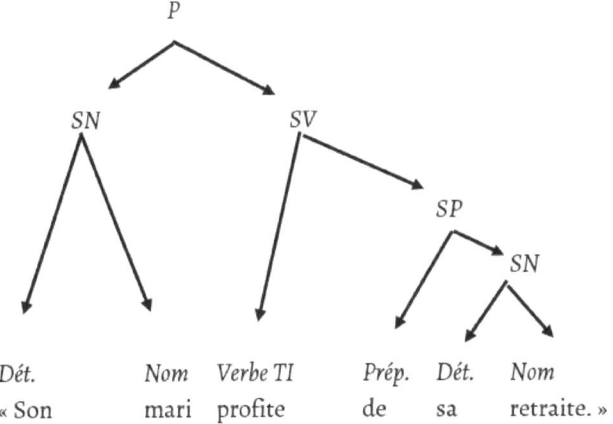

Le verbe est un verbe transitif indirect qui exige d'être accompagné d'un complément d'objet indirect (« manquer de », « nuire à », « manquer de »...). On sait déjà que plusieurs verbes transitifs indirects peuvent aussi être utilisés seuls, sans complément d'objet indirect.

7.2.5. Sujet + verbe intransitif (+ préposition) + circonstant

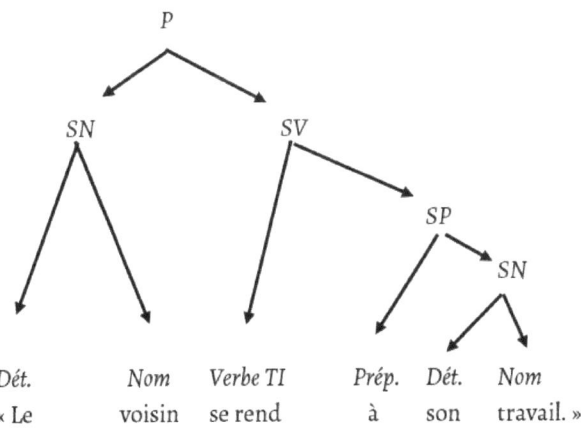

Alors que la plupart se présentent seuls, certains verbes intransitifs – surtout ceux indiquant une situation ou un déplacement – exigent la présence d'un complément de lieu (ou d'un adverbe ou d'un pronom), essentiel dans ce cas. « Pierre va.* » n'est pas une phrase recevable, ni non plus « Pierre se trouve.* », « Pierre réside.* », « Pierre habite.* », à moins de les compléter : « Pierre y va. », « Pierre se trouve à cet endroit. », « Pierre habite ici. » ... On a déjà noté que « habiter » peut aussi être considéré comme un verbe transitif. Précisons que « se rendre » réclame un circonstant seulement quand il est synonyme d'« aller » ; il s'accompagne éventuellement d'un objet indirect quand il est synonyme de « capituler ».

7.2.6. Sujet + verbe transitif double + objet direct + préposition + objet indirect

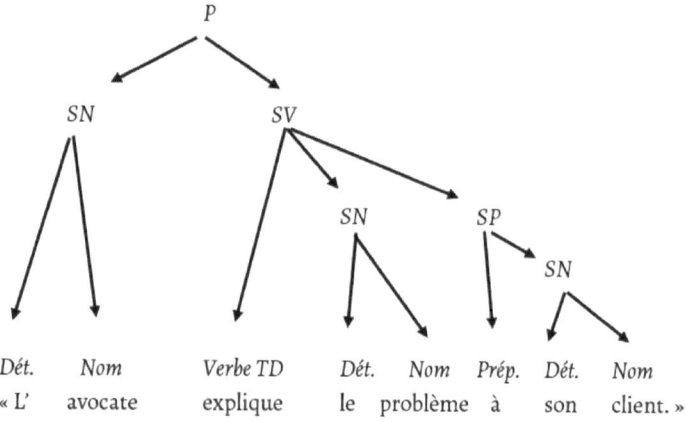

Les verbes à double transitivité, suivis de compléments d'objet direct et indirect, sont par exemple « demander », « dire », « obtenir », « éloigner », « recevoir », « donner » ... Comme dans les autres cas, un des deux compléments peut être sous-entendu : « Pierre a donné son accord [à ses interlocuteurs]. », « Pierre lui a écrit [un courrier]. »

7.3. Développement de la phrase

À la base de toutes les phrases que l'on peut produire et comprendre en langue française, ces six structures qui viennent d'être dégagées se présentent rarement sous cette forme élémentaire. Lorsque l'on parle ou écrit, s'y ajoutent spontanément divers éléments (non essentiels) qui les enrichissent en entourant leurs constituants selon la force d'attraction évoquée plus haut : les adjectifs s'adjoignent aux noms, les adverbes aux verbes, pour étoffer les syntagmes essentiels, auxquels s'ajoutent de nouveaux syntagmes compléments, éventuellement des propositions coordonnées ou subordonnées.

L'analyse de ce développement des phrases simples permet de distinguer deux processus caractéristiques différents : *l'extension* et *l'expansion* de la phrase.

7.3.1. L'extension

L'extension est le type de développement le plus simple : il suffit d'ajouter des éléments qui ne se trouvaient pas dans la phrase élémentaire, en procédant de manière opposée à la réduction qui a été utilisée plus haut pour dégager les structures de base.

« La journaliste voyage. »
- → « La journaliste voyage pour un reportage. »
- → « La célèbre journaliste de la télévision voyage pour un reportage sur la disparition des éléphants. »
- → « Le mois prochain, la célèbre journaliste de la télévision voyage avec son équipe en Afrique pour un reportage sur la disparition des éléphants. »
- → « Le mois prochain, la célèbre journaliste de la télévision voyage avec son équipe en Afrique pour un reportage sur la disparition des éléphants, dans le cadre d'un projet d'une série d'émissions concernant la protection de la nature qui seront diffusées en collaboration avec... etc. »

Par définition, la phrase n'a pas de limite, si ce n'est celle de la compréhension du lecteur ou de l'auditeur.

L'extension permet de mettre en évidence la transitivité (directe, indirecte, double) des verbes considérés :

« La journaliste écrit. »
→ « La journaliste écrit une lettre. »
→ « La journaliste écrit une lettre à son éditeur. »

Notamment pour distinguer des usages différents du même verbe :

« La journaliste a manqué
- son avion à cause des embouteillages. »
- de temps pour finir son article. »
- à ses enfants durant sa longue absence. »

7.3.2. L'expansion

Contrairement à l'extension, l'expansion ne consiste pas à ajouter de nouveaux constituants à une phrase, mais à remplacer ceux qui s'y trouvent déjà par des unités semblables mais d'un rang hiérarchique supérieur. Ce procédé, que l'on pourrait aussi taxer de *complexification*, illustre le fonctionnement en emboitements successifs de la phrase. L'adjectif, l'adverbe et le nom connaissent de telles expansions.

7.3.2.1. *expansion de l'adjectif*

« L'enquête journalistique »
→ « L'enquête des journalistes »
→ « L'enquête qui a été menée par les journalistes »

Sans adjoindre de nouveau constituant à la phrase, on commute le simple adjectif par un complément du nom correspondant, puis, à un autre stade de complexité, par une proposition subordonnée relative qui se rapporte au même nom « enquête » (antécédent de la proposition relative). Une nouvelle fois, les modifications de sens n'ont pas d'importance dans cette analyse syntaxique qui vise à montrer que l'adjectif, le complément du nom et la proposition subordonnée relative sont donc équivalents. On dira que la proposition subordonnée relative est l'*expansion* du complément du nom, et que celui-ci est l'*expan-*

sion de l'adjectif. Certaines grammaires appellent d'ailleurs la proposition subordonnée relative une *proposition adjectivale*.

7.3.2.2. expansion de l'adverbe

« La journaliste travaille <u>prudemment</u>. »
- → « La journaliste travaille <u>avec toute la prudence requise</u>. »
- → « Elle travaille <u>de sorte que personne ne soit en difficulté</u>. »

La proposition subordonnée circonstancielle (de manière) est *l'expansion* du complément circonstanciel, et le complément circonstanciel, *l'expansion* de l'adverbe. On parle aussi parfois de complément *adverbial* et de proposition subordonnée *adverbiale*.

7.3.2.3. expansion du nom

a) L'expansion du SN complément d'objet en proposition complétive est fréquente, avec entre les deux la forme moins complexe de la proposition infinitive :

« La journaliste demande <u>des précisions</u> (OD). »
- → « La journaliste demande <u>à obtenir des précisions</u>. »
- → « La journaliste demande <u>qu'on lui fournisse des précisions</u>. »

« La journaliste doute <u>de cette information</u> (OI). »
- → « La journaliste doute <u>d'être bien informée</u>. »
- → « La journaliste doute <u>que ces informations soient fiables</u>. »

b) L'expansion du SN sujet en proposition est aussi possible :

« <u>La diffusion du reportage</u> a réjoui la journaliste. »
- → « <u>Avoir pu diffuser</u> le reportage a réjoui la journaliste. »
- → « <u>Que le reportage ait pu être diffusé</u> a réjoui la journaliste. »

La proposition sujet (réel) est plus courante à la forme impersonnelle :

« Il/C'est heureux que la journaliste ait pu diffuser son reportage. »

7.3.3. La transformation des phrases simples

Sans qu'il soit question d'extension ou d'expansion, rappelons aussi que la structure des phrases simples sera adaptée aux types et aux formes qui ont été répertoriés et décrits au chapitre quatre.

Par exemple, le prototype

SN-SUJET + VERBE + SN-OBJET DIRECT + SP-OBJET INDIRECT

se présentera selon ces différentes manières s'il s'agit, entre autres, du type...

- *interrogatif* : « Communique-t-il des précisions à la journaliste ? »,
- ou *impératif* : « Communiquons des précisions à la journaliste ! »

et de la forme...

- *emphatique* : « À la journaliste, il lui a communiqué des précisions, l'informateur. »
- ou *passive* : « Les précisions ont été fournies à la journaliste par un informateur. »

CHAPITRE HUIT

La phrase complexe

La phrase complexe a déjà été définie comme une phrase comprenant des propositions de niveaux différents, à savoir une proposition principale et au moins une proposition subordonnée qui se rapporte soit à cette proposition principale, soit – dans le cas d'une proposition subordonnée relative – à un (pro)nom de la phrase.

Nous avions signalé qu'une phrase composée (de propositions coordonnées) et une phrase complexe peuvent beaucoup se ressembler quand la *conjonction de coordination* et la *conjonction de subordination* sont commutables :

	car	il est pressé. »	*phrase composée*
	parce qu'		*phrase complexe*
« Carlo s'en va	mais	il n'est pas prêt. »	*phrase composée*
	même s'		*phrase complexe*
	et	Rachel reste. »	*phrase composée*
	alors que		*phrase complexe*

129

8.1. Les subordonnées comme expansions

Tous les constituants de la phrase simple entourant le prédicat (sujet, objet, circonstant, modalisant) peuvent être remplacés – à la suite d'une *expansion* – par une proposition et ainsi faire de cette phrase une phrase complexe.

phrase simple : *adverbes et compléments*	→ *phrase complexe :* *propositions subordonnées*	*fonctions*
« Sans doute ...	« Comme on peut s'y attendre...	*modalisant*
l'organisation de ce projet ...	que nous organisions ce projet ...	*sujet*
nécessitera ...		*prédicat*
un travail considérable ...	que nous travaillions beaucoup ...	*objet*
sans relâche ...	sans que nous ménagions nos efforts ...	*circ. de manière*
dès le début des activités ...	dès que les activités commenceront ...	*circ. de temps*
sur les différents sites prévus ...	où il est prévu que nous nous rendions ...	*circ. de lieu*
pour la satisfaction de nos partenaires ...	pour que nous ne décevions pas les partenaires ...	*circ. de but*
fidèles. »	qui nous font confiance. »	*subordonnée relative*

8.2. Les types de subordonnées

8.2.1. Les complétives

On appelle *propositions subordonnées complétives* ou simplement *complétives* les propositions qui représentent une expansion du sujet ou des objets du verbe de la proposition principale.

8.2.1.1. La complétive sujet

a) La complétive sujet tient tout d'abord le rôle de <u>sujet grammatical</u> des verbes personnels. Elle est introduite par la conjonction « que » et peut être éventuellement rappelée ensuite par un pronom. Le verbe de cette complétive sujet est généralement au subjonctif, rarement à l'indicatif, parfois à l'infinitif ou au participe sous certaines conditions.

« <u>Qui vivra</u> verra. »

« <u>Que nous nous trompions de chemin</u> (c') est souvent arrivé. »

« <u>Que Mathilde vienne aujourd'hui</u> rend ses parents très heureux. »

« <u>Participer à un tel concert</u> représente une chance inespérée pour Didier. »

« <u>François ainsi applaudi</u> restera dans toutes les mémoires. »

« <u>Michel mentant à ses amis</u> (ça) m'étonnerait beaucoup. »

b) Une complétive peut également tenir lieu de <u>sujet logique (ou réel)</u> des verbes impersonnels dont le sujet grammatical (ou apparent) est un « il » ou un « ce » sans référent :

« Il est nécessaire <u>que nous voyagions/de voyager avant la tombée du jour.</u> »

« Il arrive que <u>Bernard soit en retard.</u> »

« Il conviendrait <u>que tu ne sois pas en retard.</u> »

« C'est une bonne nouvelle <u>que tu viennes.</u> »

8.2.1.2. La complétive objet

L'objet direct peut être une proposition complétive dont le verbe sera...

- à l'indicatif, marquant la certitude :

    « Je sais/Je constate/J'atteste que Léa est compétente. »

- au subjonctif, marquant l'incertitude, après les verbes de volonté, de sentiment, de doute :

    « Je souhaite/J'aimerais/Je doute que tu viennes ce soir. »

    avec quelques bizarreries cependant :

    « Je pense/Je crois que Bruno vient (viendra) ce soir. »
    >< « Je ne pense pas/Je ne crois pas que Bruno vienne ce soir. »

- ou, sous certaines conditions, à l'infinitif :

    « Je souhaite venir moi aussi. »

La complétive peut aussi se substituer à un objet indirect :

« Je profite de votre présence » → « Je profite que vous êtes/soyez là. »

Singulièrement, les complétives objets peuvent se rapporter non seulement à un verbe mais également à un nom aussi en rapport avec une volonté, un sentiment, un doute ou une déclaration, ce qui rend parfois la distinction difficile avec une proposition subordonnée relative. Comparer :

(a) « L'information que nous avons attendue vient d'arriver. »

(b) « L'information que Kalim a réussi vient d'arriver. »

Dans la première phrase (a) :

- « que nous avons attendue » est une proposition relative qui se rapporte à l'antécédent « information », au même titre qu'un adjectif (par exemple : « l'information espérée ») dont cette proposition est l'expansion ;
- « que » est pronom relatif : il remplace son antécédent « information » dans la proposition relative où il a la fonction d'objet direct ;

- la participe passé « attendue » s'accorde donc avec cet objet direct placé avant ;

tandis que dans la seconde phrase (b) :
- « que Kalim a réussi » est une complétive en rapport avec la valeur déclarative du nom « information », comme si on sous-entendait « on annonce que Kalim a réussi... » ;
- « que » est conjonction de subordination ;
- le participe passé « réussi » reste donc invariable puisque le verbe n'a pas de complément d'objet direct.

Voici quelques autres exemples qui permettront d'éclairer la différence :

nom + conjonction + complétive	nom + pronom relatif + proposition relative
« La possibilité (= On envisage ...)	« La possibilité que Léa confirme ...
« Le souhait (= On souhaite ...) que Roger vienne ...	« Le souhait (= Léa confirme la possibilité, le souhait, l'interdiction)
« L'interdiction (= On interdit ...)	« L'interdiction

... surprend tout le monde. »

Une phrase peut contenir les deux types de subordonnées, relative et complétive :

« Je suis ému par l'espoir que Claudine garde que son fils vienne. »

sans que l'on puisse les coordonner, preuve qu'elles sont bien de types différents :

« Je suis ému par l'espoir que Claudine garde et que son fils vienne. »

8.2.1.3. Le discours-interrogation indirect

Les propos tenus ou questions posées en discours direct, entre guillemets, deviennent, en discours indirect, des complétives après le verbe déclaratif ou interrogatif :

« Paul a dit : "Je suis ici". » → « Paul a dit qu'il était là. »,
« Paul demande : "Dois-je venir ?" » → « Paul demande s'il doit venir. »,
« Paul demande : "Qui viendra ?" » → *idem* : « Paul demande qui viendra. »

éventuellement avec un verbe à l'infinitif :

« Il lui dit de venir chez lui. »

8.2.2. Les circonstancielles

De la même manière qu'un adverbe peut devenir en expansion un complément circonstanciel ou modalisant, ce complément circonstanciel peut, à la suite d'une nouvelle expansion, devenir une proposition subordonnée circonstancielle :

« Il viendra <u>volontiers</u> <u>ici</u> <u>demain</u>. »
→ « Il viendra <u>avec plaisir</u> <u>à cet endroit</u> <u>dans quelques heures</u>. »
→ « Il viendra <u>où nous nous trouvons</u> <u>sans que l'on doive insister</u> <u>après qu'un peu de temps sera passé</u>. »

	adverbe	complément	proposition
temps	« bientôt »	« à son retour »	« dès qu'il sera rentré »
lieu	« ici »	« à cet endroit »	« où il se trouvait »
manière	« facilement »	« sans difficulté »	« comme on le lui avait conseillé »
but	« sciemment »	« pour le bien de Claude »	« pour que Claude puisse réussir »
cause	« fortuitement »	« à cause du problème »	« parce qu'il en a été empêché »

opposition	« cependant »	« malgré la situation »	« bien que la situation ne soit pas favorable »
condition	« éventuellement »	« sous réserve de son accord »	« si le responsable le permet »
modalisant	« heureusement »	« à ma grande satisfaction »	« comme je l'espérais »
Etc.			

Le mode du verbe des subordonnées circonstancielles dépend de nouveau du degré de certitude de ce qui est énoncé dans la subordonnée par rapport à la principale.

Dans ces deux phrases,

« Théo a téléphoné <u>après que</u> Manon est arrivée. »
<u>parce que</u> Manon était arrivée. »

l'indicatif de la subordonnée se justifie par le fait que l'arrivée de Manon est avérée au moment du coup de téléphone de Théo. Dans les deux phrases suivantes, les verbes des subordonnées sont au subjonctif car l'arrivée de Manon n'était encore qu'hypothétique au moment du coup de téléphone de Théo :

« Théo a téléphoné <u>pour que</u> Manon vienne. »
<u>avant que</u> Manon ne vienne. »

Mais c'est aussi l'usage qui décide ; voici quelques exemples de conjonctions de subordination avec le mode qu'elles exigent :

cause	indicatif :	« parce que », « puisque »
	subjonctif :	« non que », « ce n'est pas que »
conséquence	indicatif :	« de sorte que »
	subjonctif :	« assez/trop... que pour »
but	subjonctif	« pour que », « de peur que »
temps	indicatif	« quand », « lorsque », « après que »
	subjonctif	« avant que », « jusqu'à ce que »

condition	indicatif	« si »
	subjonctif	« à la condition que », « pour autant que », « pourvu que », « à moins que »
comparaison	indicatif	« de même que »
manière	subjonctif	« sans que »
concession	indicatif (généralement)	« tout... que... »
	subjonctif	« bien que », « quoique », « quoi que »

8.2.3. Les relatives

La proposition subordonnée relative est l'expansion de l'adjectif et du complément du nom :

adjectif	type	→ complément du nom	→ proposition subordonnée relative
« une reposante journée »	adjectif qualificatif	« une journée de repos »	« une journée qui nous reposera »
« la voiture présidentielle »	adjectif relationnel	« la voiture du président »	« la voiture qui appartient au président »

En conséquence de quoi, contrairement aux autres propositions subordonnées, la proposition subordonnée relative...

– ne se rapporte pas au prédicat ou à la phrase, mais à un (pro)nom qui est son antécédent :

« Gagnera le concurrent/celui qui sera le plus rapide. »

– n'est pas introduite par une conjonction de subordination, mais par un pronom relatif.

Ce pronom relatif a un double statut de (a) lien et de (b) pronom. Dans la phrase :

« Je ne connais pas la personne <u>qui</u> vient. »,

(a) « qui » introduit la relative et l'associe à l'antécédent « la personne »,

(b) et tient dans cette relative la fonction de sujet du verbe « vient ».

Comme le pronom personnel, le pronom relatif peut assumer toutes les fonctions et change de forme en conséquence :

sujet	« La personne <u>qui</u> te regarde s'appelle Maurice. »
objet direct	« La personne <u>que</u> tu regardes s'appelle Maurice. »
objet indirect	« La personne <u>à qui</u> tu parles s'appelle Maurice. » « Le projet <u>auquel</u> tu t'intéresses est abandonné. »
complément du nom	« La personne <u>dont</u> le chapeau est tombé s'appelle Maurice. »
circonstant	« Le verre <u>dans lequel</u> tu bois est ébréché. » « La chaise <u>sur laquelle</u> tu es assise est branlante. » « La pièce <u>où</u> nous nous trouvons est inconfortable. » « La raison <u>pour laquelle</u> nous sommes venus est discutable. » ...

Vu leur similitude (surtout à l'oral), il est parfois difficile de distinguer le pronom relatif sujet « qui » du pronom relatif objet élidé « qu' » :

« L'homme <u>qui l'</u>a vu est mon voisin. » (*pronom relatif sujet*)

« L'homme <u>qu'il</u> a vu est mon voisin. » (*pronom relatif objet*)

L'éventuel participe passé du verbe de la relative ne s'accorde évidemment que dans le second cas :

« La femme qu'il a v<u>ue</u> est ma voisine » (*pronom relatif objet*)

Comme l'adjectif, la proposition subordonnée relative peut être *explicative* ou *déterminative* :

- La *relative explicative* ne fait qu'apporter une précision accessoire ; elle est encadrée de virgules et effaçable :

    « Les tomates, qui viennent d'Italie (= les seules vendues ici), coutent 3 € le kilo. »

- tandis que la *relative déterminative* est essentielle pour la compréhension car elle limite la compréhension de l'antécédent au sein d'un ensemble plus large :

    « Les tomates qui viennent d'Italie (= seulement celles-là) coutent 3 € le kilo... les autres viennent d'Espagne ou du Portugal et coutent moins cher. »

Concernant le mode du verbe de la proposition relative, un exemple a déjà été proposé plus haut en rapport avec la modalité exprimée :

	qui a été écrit par Hugo.	Il s'intitule *Les Misérables*. »
« Je voudrais un livre...	qui ait été écrit par Hugo.	Peu importe lequel, je vous laisse choisir. »
	qui aurait été écrit par Hugo.	Je crois me souvenir que c'est *Le Rouge et le Noir*, mais je ne suis pas certain. »

8.3. Les propositions infinitives et participiales

Le verbe des propositions subordonnées ne doit pas nécessairement être conjugué, mais peut se présenter au mode infinitif ou participe, présent ou passé. Nous en avons déjà donné plusieurs exemples. Seul ou au centre d'une proposition, le verbe non conjugué peut soit avoir le même sujet que la proposition principale, soit son propre sujet :

	sujet de la subordonnée = sujet de la principale	subordonnée avec son propre sujet
à l'infinitif	*infinitif sujet* : « Boire trop conduit souvent dans le fossé. » *infinitif objet* : « Je souhaite manger bientôt. » *infinitif circonstant* : « Je ne bois jamais avant de conduire. »	« Ne m'empêche pas de partir demain ! » « Je vois Jean-Claude venir avec son chien au bout de l'allée. »
au participe présent	« (En) harcelant sans cesse les autres, il n'obtiendra rien. » (« En harcelant » : *gérondif*)	« Le temps passant, il oubliera cette triste mésaventure. »
au participe passé	« Encouragé par ses amis, Simon cessera finalement de fumer. »	« Le chat parti, les souris dansent. »

Dans certains cas, la transformation infinitive est possible

« Je pense que je viendrai demain. » → « Je pense venir demain. » ;

dans d'autres cas, elle est obligatoire :

« Je souhaite que je vienne demain.* » → « Je souhaite venir demain. »

Quand l'infinitif de la subordonnée complétive a son propre sujet, celui-ci est également objet de la principale :

« J'entends Albert (*objet*) » + « Albert (*sujet*) chante La Marseillaise. »

→ « J'entends Albert (*objet-sujet*) chanter la Marseillaise. »

En ce qui concerne le *participe présent*, il faudra le distinguer de l'*adjectif verbal* :

– Adjectif : « La fillette <u>fatigante</u> (= difficile) sera bientôt envoyée dans sa chambre. »

– *Participe* : « Fatiguant ses parents (= parce qu'elle fatigue ses parents), la fillette sera bientôt envoyée dans sa chambre. »

D'autant que l'adjectif verbal est variable (« fatigante ») et le participe présent ne l'est pas (« fatiguant »), et qu'ils ne s'orthographient pas de la même manière dans plusieurs cas :

adjectif verbal	*participe présent*
-ant : « fatigant », « délégant », « intrigant »	*-uant* : « fatiguant », « déléguant », « intriguant »
-ent : « adhérent », « excellent », « différent »	*-ant* : « adhérant », « excellant », « différant »
-ent : « négligent », « divergent »… *mais* « exigeant » (!)	*-eant* : « négligeant », « divergeant », « exigeant »
-cant : « communicant », « convaincant »	*-quant* : « communiquant », « convainquant »

Comparer :

« Martine est une excellente musicienne, excellant autant dans le répertoire baroque que romantique. »

« René est une personne négligente ; négligeant ainsi ses intérêts, il risque la faillite. »

« La thèse de l'avocate est convaincante. Convainquant le jury grâce à ses arguments, elle a eu gain de cause. »

Postscriptum

Le premier sentiment que devrait inspirer l'analyse syntaxique est l'émerveillement devant ce chef-d'œuvre de finesse, d'harmonie, d'ingéniosité qu'est le langage, la plus belle réalisation des humains, d'autant plus remarquable qu'ils l'ont développée spontanément et déclinée selon des formes les plus originales.

Même s'ils reposent sur l'observation scrupuleuse de faits de langue et qu'ils sont partagés par de nombreux linguistes, faut-il cependant rappeler que les concepts, les structures, les mécanismes que nous avons tenté d'exposer ici le plus simplement et clairement possible, restent des élaborations théoriques ?

La langue – au-delà l'indispensable logique de son fonctionnement – reste vivante, libre, complexe, nuancée, parfois contradictoire, comme ceux et celles qui la parlent. D'autres interprétations et explications ont été, sont et seront possibles, plus ou moins pertinentes et cohérentes, les deux exigences de toute théorie syntaxique.

La linguistique ne sera une science exacte que lorsque les ordinateurs parleront à la place des humains. Avant que cela n'arrive, ou plutôt afin que cela n'arrive pas, il est nécessaire que les usagers de la langue en questionnent et en maitrisent les rouages, les variétés, les complexités, les subtilités, pour rester capables de contrôler les contenus qu'elle peut transmettre et les causes qu'elle peut servir.

Puisse ce petit ouvrage les y encourager et les y aider !

Excercices récapitulatifs

A. Reconnaitre le niveau de *complexité* des phrases suivantes, ainsi que leur *type* et leurs *formes* (proposition soulignée) :

1. « <u>Fred, ne prends pas la rue à gauche</u> mais tourne plutôt à droite ! »

2. « <u>Ce sont les formulaires qui seront distribués par les médecins.</u> »

3. « <u>Ne sont-ils pas aidés par les autres participants</u> depuis qu'ils sont arrivés ? »

4. « Les malheureux, quelles difficultés n'ont-ils pas dû surmonter, eux, pour y arriver ! »

5. « Ne se produit-il pas toujours le même problème ? »

6. « <u>Pascal, la montagne, il la préfère, lui,</u> car il y est né. »

7. « <u>Robert, toi, va la fermer, cette porte</u>, puisque Marie est occupée ! »

8. « Il nous arrive à tous de nous tromper. »

9. « Comment se sont-ils laissé tromper ainsi ? »

10. « De peur que son amie ne soit en retard, <u>Marie ne commande pas encore le repas.</u> »

B. Réduire les phrases suivantes à leur plus simple expression et reconnaitre leur structure prototypique respective :

1. « Le situation présentée à la réunion d'hier est difficile à comprendre pour nos jeunes collègues. »

2. « Le client de la table du fond boit un autre café en attendant son ami. »

3. « Le professeur de mathématiques s'est rendu la semaine dernière au colloque organisé par son association. »

4. « La première flèche qu'Annick a décochée a manqué la cible d'au moins un mètre. »

5. « L'étudiante de médecine a satisfait aux conditions d'admission prévues par le règlement. »

6. « Mon nouveau voisin m'a rendu une visite de courtoisie dès le lendemain de son arrivée. »

7. « L'enfant de Catherine s'endort vite dès qu'on lui raconte une histoire. »

8. « Ce délicat problème de voisinage est un vrai défi pour ce jeune avocat. »

9. « Donne-moi tout de suite la clé de la voiture qu'il faut déplacer ! »

10. « Samia a cruellement manqué à tous ses amis durant ces trois mois à l'étranger. »

C. Analyser les phrases suivantes, après en avoir reconnu les différents groupes :

1. « Mère de famille, Madame Durant estime indispensables les nouvelles mesures sanitaires. »

2. « Sincèrement, la directrice exige-t-elle que soient respectées scrupuleusement toutes les normes que prévoit le règlement ministériel ? »

3. « Il peut malheureusement arriver que des examens soient reportés dans quelques universités à cause des grèves syndicales. »

4. « Que tous les étudiants réussissent leur examen rendrait certainement le professeur satisfait du cours qu'il leur a donné. »

5. « Pour être passé au rouge, le conducteur s'est vu retirer son permis de conduire par la police fédérale. »

6. « Il est regrettable que Pierre et Philippe ne se parlent plus depuis qu'ils se sont rencontrés et se sont disputés à cause d'un vieil oncle dont ils doivent s'occuper. »

7. « L'espoir que Monique garde que son mari reviendra s'amenuise de jour en jour. »

8. « Dans son ancien appartement, Pierre est en train d'empaqueter patiemment ses livres préférés dans les caisses que viendront chercher les déménageurs demain. »

9. « Les examens du mois de juin se préparent bien auparavant car sont organisées à la fin du quadrimestre beaucoup d'activités qui surchargent les étudiants. »

10. « Les vacances approchant, Chloé, encouragée par ses parents, a décidé de voyager en Italie, projet dont elle rêve depuis si longtemps. »

Corrigés

EXERCICE A :

	niveau de complexité	type	formes
1. « Fred, ne prends pas la rue à gauche mais tourne plutôt à droite ! »	phrase composée (2 propositions coordonnées)	injonction	- négative - active - neutre - personnelle
2. « Ce sont les formulaires qui seront complétés par les médecins. »	phrase complexe (« Ce sont… qui » = locution introductrice + proposition subordonnée relative)	affirmation	- positive - passive - emphatique - personnelle
3. « Ne sont-ils pas aidés par les autres participants depuis qu'ils sont arrivés ? »	phrase complexe (1 proposition principale + 1 proposition subordonnée circonstancielle)	interrogation	- négative - passive - neutre - personnelle

Défense et illustration de la syntaxe

	niveau de complexité	type	formes
4. « Les malheureux, quelles difficultés n'ont-ils pas dû surmonter, eux, pour y arriver ! »	phrase simple	exclamation	- négative - active - emphatique - personnelle
5. « Ne se produit-il pas toujours le même problème ? »	phrase simple	interrogation	- négative - active - neutre - impersonnelle
6. « Pascal, la montagne, il la préfère, lui, car il y est né. »	phrase composée (2 propositions coordonnées)	affirmation	- positive - active - emphatique - personnelle
7. « Robert, toi, va la fermer, cette porte, puisque Marie est occupée ! »	phrase complexe (1 proposition principale + 1 proposition subordonnée circonstancielle)	injonction	- positive - active - emphatique - personnelle

	niveau de complexité	type	formes
8. « Il nous arrive à tous de nous tromper. »	phrase simple	affirmation	- positive - active - neutre - impersonnelle
9. « Comment se sont-ils laissé tromper ainsi ? »	phrase simple	interrogation	- positive - passive - neutre - personnelle
10. « De peur que son amie ne soit en retard, Marie ne commande pas encore le repas. »	phrase complexe (1 proposition principale + 1 proposition subordonnée circonstancielle)	affirmation	- négative - active - neutre - personnelle

Défense et illustration de la syntaxe

EXERCICE B :

phrases simples	structure de base
1. « La situation est difficile. »	II. SN-SUJET + VERBE COPULE + SN/SYNT. ADJECTIVAL-ATTRIBUT
2. « Le client boit un café. »	III. SN-SUJET + VERBE TRANSITIF DIRECT + SN-OBJET DIRECT
3. « Le professeur s'est rendu au colloque. »	V. SN-SUJET + VERBE INTRANSITIF + CIRCONSTANT
4. « La flèche a manqué la cible. »	III. SN-SUJET + VERBE TRANSITIF DIRECT + SN-OBJET DIRECT
5. « L'étudiant a satisfait aux conditions. »	IV. SN-SUJET + VERBE TRANSITIF INDIRECT + SP-OBJET INDIRECT
6. « Mon voisin m'a rendu une visite. »	VI. SN-SUJET + VERBE TRANSITIF DOUBLE + SN-OBJET DIRECT + SP-OBJET INDIRECT
7. « L'enfant s'endort. »	I. SN-SUJET + VERBE
8. « Ce problème est un défi. »	II. SN-SUJET + VERBE COPULE + SN/SYNT. ADJECTIVAL-ATTRIBUT
9. « Donne-moi la clé ! »	VI. SN-SUJET + VERBE TRANSITIF DOUBLE + SN-OBJET DIRECT + SP-OBJET INDIRECT
10. « Samia a manqué à ses amis. »	IV. SN-SUJET + VERBE TRANSITIF INDIRECT + SP-OBJET INDIRECT

EXERCICE C :

1. « Mère de famille, Madame Durant estime indispensables les nouvelles mesures sanitaires. »

	nature	groupe	fonction
Mère	nom commun		adjuvant, apposition du nom « Durant »
de	préposition	groupe nominal apposition du nom « Durant »	introduit le complétant (complément du nom)
famille	nom commun		complétant (complément) du nom « Mère »
Madame	nom commun	groupe nominal sujet du prédicat « estime »	adjuvant, apposition du nom « Durant »
Durant	nom propre		sujet
estime	verbe 3e personne du singulier indicatif présent		prédicat de la phrase
indispensables	adjectif qualificatif		attribut de l'objet direct « mesures »
les	déterminatif article défini		détermine le nom « mesures »
nouvelles	adjectif qualificatif	groupe nominal objet direct du prédicat « estime »	adjuvant explicatif, se rapporte au nom « mesures »
mesures	nom commun		objet direct
sanitaires.	adjectif relationnel		adjuvant explicatif, se rapporte au nom « mesures »

Corrigés

Défense et illustration de la syntaxe

2. « Sincèrement, la directrice exige-t-elle que soient respectées scrupuleusement toutes les normes que prévoit le règlement ministériel ? »

	nature	*groupe*	*fonction*
Sincèrement	adverbe	proposition principale → « exige-t-elle »	modalisant (avis de l'énonciateur)
la	déterminatif article défini	groupe nominal sujet du verbe « exige »	détermine le nom « directrice »
directrice	nom commun		sujet
exige	verbe 3ᵉ personne du singulier de l'indicatif présent		prédicat de la proposition principale
-t-	euphonique		–
elle	pronom personnel		sujet du prédicat « exige », postposé car phrase interrogative
que	conjonction de subordination		introduit la proposition subordonnée complétive objet
soient respectées	verbe 3ᵉ personne du pluriel subjonctif présent voix passive : auxiliaire + participe passé	proposition subordonnée complétive objet → « ministériel »	prédicat de la proposition subordonnée complétive objet
scrupuleusement	adverbe		circonstant de manière

	nature	groupe	fonction
toutes	déterminatif indéfini		détermine le nom « normes »
les	déterminatif article défini		détermine le nom « normes »
normes	nom commun	groupe nominal sujet	sujet de la proposition subordonnée complétive objet
que	pronom relatif	proposition subordonnée relative dont l'antécédent est « normes » → « ministériel »	(a) introduit la proposition subordonnée relative, (b) objet direct du prédicat de cette relative « prévoit »
prévoit	verbe 3ᵉ personne du singulier indicatif présent		prédicat de la proposition subordonnée relative
le	déterminatif article		détermine le nom « règlement »
règlement	nom commun	groupe nominal sujet du prédicat « prévoit »	sujet de la proposition subordonnée relative
ministériel.	adjectif relationnel		adjuvant explicatif, se rapporte au nom « règlement »

Défense et illustration de la syntaxe

3. « Il peut malheureusement arriver que des examens soient reportés dans quelques universités à cause des grèves syndicales. »

	nature	groupe	fonction
Il	pronom impersonnel		sujet grammatical (apparent)
peut... arriver	semi-auxiliaire modal indicatif présent + infinitif verbe (impersonnel)	proposition principale	prédicat de la proposition principale
malheureusement	adverbe		modalisant (avis de l'énonciateur)
que	conjonction de subordination	proposition subordonnée complétive sujet réel (logique) du verbe « peut... arriver » → « syndicales »	introduit la proposition subordonnée complétive sujet réel
des	déterminatif article indéfini	groupe nominal sujet du prédicat « soient reportés »	détermine nom « examens »
examens	nom commun		sujet de la proposition subordonnée complétive
soient reportés	verbe 3ᵉ personne du pluriel subjonctif présent voix passive : auxiliaire + participe passé		prédicat de la proposition subordonnée complétive
dans	préposition	groupe nominal complément de lieu du prédicat « soient reportés »	introduit le circonstant complément de lieu « universités »
quelques	déterminatif indéfini		détermine le nom « universités »
universités	nom commun		circonstant complément de lieu

	nature	groupe	fonction
à cause (de)	locution prépositive	groupe nominal complément de cause du prédicat « soient reportés »	introduit le circonstant complément de cause « grèves »
(l)es	déterminatif article défini		détermine le nom « grèves »
grèves	nom commun		circonstant- complément de cause
syndicales	adjectif relationnel		adjuvant explicatif, se rapporte au nom « grèves »

Défense et illustration de la syntaxe

4. « Que tous les étudiants réussissent leur examen rendrait certainement le professeur satisfait du cours qu'il leur a donné. »

	nature	groupe	fonction
Que	conjonction de subordination	proposition subordonnée complétive sujet du verbe « rendrait » → « examen »	introduit la proposition subordonnée complétive sujet
tous	déterminatif indéfini		détermine le nom « étudiants »
les	déterminatif article défini		détermine le nom « étudiants »
étudiants	nom commun	groupe nominal sujet du prédicat « réussissent »	sujet de la proposition subordonnée complétive sujet
réussissent	verbe 3ᵉ personne du pluriel du subjonctif présent		prédicat de la proposition subordonnée complétive sujet
leur	déterminatif possessif		détermine le nom « examen »
examen	nom commun	groupe nominal objet direct du prédicat « réussissent »	objet direct
rendrait	verbe 3ᵉ personne du singulier conditionnel présent	proposition principale → « a donné »	prédicat de la proposition principal
certainement	adverbe		modalisant (avis de l'énonciateur)
le	déterminatif article défini		détermine le nom « professeur »
professeur	nom commun	groupe nominal objet direct du prédicat « rendrait »	objet direct
satisfait	adjectif qualificatif		attribut de l'objet « professeur »

	nature	groupe	fonction
du (de+le)	préposition	groupe prépositionnel complément de l'adjectif « satisfait » → « a donné. »	introduit le complément de l'adjectif
(le)	déterminatif article défini		détermine le nom « cours »
cours	nom commun		complément de l'adjectif
qu(e)'	pronom relatif		(a) introduit la proposition subordonnée relative, (b) objet direct du prédicat de cette relative « a donné »
il	pronom personnel anaphorique qui renvoie à « le professeur » cité plus haut	proposition subordonnée relative explicative dont l'antécédent est « cours »	sujet du prédicat « a donné »
leur	pronom personnel anaphorique qui renvoie à « les étudiants » cité plus haut		objet indirect du prédicat « a donné »
a donné.	verbe 3ᵉ personne du singulier passé composé : auxiliaire + participe passé		prédicat de la proposition subordonnée relative

Corrigés

Défense et illustration de la syntaxe

5. « Pour être passé au rouge, le conducteur s'est vu retirer son permis de conduire par la police fédérale. »

	nature	groupe	fonction
Pour	préposition	proposition infinitive (même sujet que le prédicat de la phrase) complément circonstanciel de cause de la phrase → « rouge »	introduit la proposition infinitive complément de cause
être passé	verbe à l'infinitif passé : auxiliaire + participe passé		base du complément de cause
au (à + le)	préposition	complément circonstanciel de temps/lieu du verbe « être passé »	introduit le circonstant complément de temps/lieu
rouge	adjectif substantivé (le feu au carrefour alors qu'il est rouge)		complément de temps/lieu du verbe « être passé »
le	déterminatif article défini	groupe nominal sujet du prédicat « s'est vu retirer »	détermine le nom « conducteur »
conducteur	nom commun		sujet
s'est vu retirer	verbe 3ᵉ personne du singulier passé composé pronominal passif : semi-auxiliaire (factitif) + infinitif		prédicat de la phrase

son	déterminatif possessif		détermine le nom « permis »
permis	nom commun	groupe nominal objet du prédicat « s'est vu retirer »	objet direct du prédicat
de	préposition		introduit le complétant (complément) du nom « permis »
conduire	verbe à l'infinitif		complétant (complément) du nom « permis »
par	préposition		introduit le complément d'agent
la	déterminatif article défini	complément d'agent du verbe « s'est vu retirer »	détermine le nom « police »
police	nom commun		complément d'agent
fédérale.	adjectif relationnel		adjuvant explicatif, se rapporte au nom « police »

Corrigés

Défense et illustration de la syntaxe

6. « Il est regrettable que Pierre et Philippe ne se parlent plus depuis qu'ils se sont rencontrés et se sont disputés à cause d'un vieil oncle dont ils doivent s'occuper. »

	nature	groupe	fonction
Il	pronom impersonnel		sujet grammatical (apparent) du prédicat « s'avère »
est	verbe copule indicatif présent (tournure impersonnelle)	proposition principale	prédicat de la proposition principale
regrettable	adjectif qualificatif		attribut du sujet
que	conjonction de subordination		introduit la proposition complétive sujet
Pierre	nom propre		sujet des prédicats de la complétive
et	conjonction de coordination		coordonne « Pierre » et « Philippe »
Philippe	nom propre	proposition subordonnée complétive sujet réel (logique) de « être regrettable » → « s'occuper »	sujet des prédicats de la complétive
ne... plus	locution adverbiale		modifiant le prédicat « se parlent » (négation)
se parlent	verbe pronominal réciproque 3ᵉ personne du pluriel subjonctif présent		se = objet indirect prédicat de la proposition subordonnée complétive

	nature	groupe	fonction
depuis que	Locution conjonctive de subordination		introduit la proposition subordonnée circonstancielle de temps
ils	pronom personnel anaphorique qui renvoie à « Pierre et Philippe » cités plus haut		sujet du prédicat de la proposition circonstancielle
se sont rencontrés	verbe pronominal réciproque 3ᵉ personne du pluriel indicatif passé composé	Proposition subordonnée circonstancielle de temps → « s'occuper »	se = objet direct prédicat coordonné de la proposition subordonnée circonstancielle de temps
et	conjonction de coordination		coordonne les deux prédicats de la proposition subordonnée circonstancielle
se sont disputés	verbe pronominal lexicalisé 3ᵉ personne du pluriel indicatif passé composé		prédicat coordonné de la proposition subordonnée circonstancielle de temps

Défense et illustration de la syntaxe

	nature	groupe	fonction
à cause d'	locution prépositive		introduit le complément circonstanciel de cause
un	déterminatif article indéfini	groupe prépositionnel complément circonstanciel de cause → « s'occuper »	détermine le nom « oncle »
vieil	adjectif qualificatif		adjuvant explicatif, se rapporte au nom « oncle »
oncle	nom commun		circonstant complément de cause
dont	pronom relatif		(a) introduit la proposition subordonnée relative, (b) objet indirect du prédicat de cette relative « doivent s'occuper »
ils	pronom personnel anaphorique qui renvoie à « Pierre et Philippe » cités plus haut	proposition subordonnée relative explicative dont l'antécédent est « oncle »	sujet du prédicat « doivent s'occuper »
doivent s'occuper.	semi-auxiliaire modal 3ᵉ personne du pluriel indicatif présent + verbe pronominal lexicalisé à l'infinitif		prédicat de la proposition relative

7. « L'espoir que Monique garde que son mari reviendra s'amenuise de jour en jour. »

	nature	groupe	fonction
L'	déterminatif article défini		détermine le nom « espoir »
espoir	nom commun	groupe nominal sujet de la proposition principale → « reviendra »	sujet du prédicat
que	pronom relatif		(a) introduit la proposition subordonnée relative, (b) objet direct du prédicat de cette relative « garde »
Monique	nom propre	proposition subordonnée relative dont l'antécédent est « espoir »	sujet du prédicat « garde »
garde	verbe 3e personne du singulier indicatif présent		prédicat de la proposition subordonnée relative
que	conjonction de subordination		introduit la proposition subordonnée complétive
son	déterminatif possessif	proposition subordonnée complétive associée au nom « espoir » (cf. « Monique espère que son mari reviendra »)	détermine le nom « mari »
mari	nom commun		sujet du prédicat « reviendra »
reviendra	verbe 3e personne du singulier indicatif futur		prédicat de la proposition subordonnée complétive
s'amenuise	verbe pronominal lexicalisé 3e personne du singulier indicatif présent		prédicat de la proposition principale
de jour en jour.	locution adverbiale		circonstant de temps

Corrigés

Défense et illustration de la syntaxe

8. « Dans son ancien appartement, Pierre est en train d'empaqueter patiemment ses livres préférés dans ces caisses que viendront chercher les déménageurs demain. »

	nature	groupe	fonction
Dans	préposition	complément circonstanciel de lieu de la phrase	introduit le complément de lieu
son	déterminatif possessif		détermine le nom « appartement »
ancien	adjectif qualificatif		se rapporte au nom « appartement »
appartement	nom commun		complément de lieu
Pierre	nom propre	proposition principale → « caisses »	sujet de la proposition principale
est en train d'empaqueter	locution verbale 3e personne du singulier indicatif présent : expression aspectuelle « être en train de » + infinitif		prédicat de la proposition principale + valeur aspectuelle
patiemment	adverbe		circonstant de manière
ses	déterminatif possessif	groupe nominal objet direct	détermine « livres »
livres	nom commun		objet direct de la proposition principale
préférés	participe passé adjectif déterminatif (pas les autres livres)		se rapporte au nom « livres »

	nature	groupe	fonction
dans	préposition	complément circonstanciel de lieu du prédicat « est en train d'empaqueter » → « demain »	introduit le complément de lieu
les	déterminatif article		détermine le nom « caisses »
caisses	nom commun		complément de lieu
que	pronom relatif	proposition subordonnée relative déterminative dont l'antécédent est « caisse »	(a) introduit la proposition subordonnée relative, (b) objet direct du prédicat de cette relative « viendront chercher »
viendront chercher	verbe 3ᵉ personne du pluriel indicatif futur : semi-auxiliaire aspectuel « venir » + infinitif		prédicat de la proposition relative
les	déterminatif article défini		détermine le nom « déménageurs »
déménageurs	nom commun		sujet du prédicat « viendront chercher »
demain.	adverbe		circonstant de temps

Corrigés

Défense et illustration de la syntaxe

9. « Les examens du mois de juin se préparent bien auparavant car sont organisées à la fin du quadrimestre beaucoup d'activités qui surchargent les étudiants. »

	nature	groupe	fonction
Les	déterminatif article défini	Première proposition coordonnée → « auparavant »	détermine le nom: « examens »
examens	nom commun		sujet de la proposition
du (de + le)	préposition	-	introduit le complétant (complément) du nom « examens »
(le)	déterminatif article défini		détermine le nom « mois »
mois	nom commun	groupe nominal sujet du prédicat « se préparent »	complétant (complément) du nom « examens »
de	préposition		introduit l'apposition au nom « mois »
juin	nom commun		apposition (« juin » = « mois »)
se préparent	verbe pronominal à sens passif 3ᵉ personne du pluriel indicatif présent		prédicat de la proposition principale coordonnée
bien	adverbe		modifiant l'adverbe « auparavant »
auparavant	adverbe		circonstant de temps

	nature	groupe	fonction
car	conjonction de coordination	proposition coordonnée → « étudiants »	coordonne les deux propositions + valeur de cause
sont organisés	verbe 3ᵉ personne du pluriel indicatif présent voix passive		prédicat de la proposition principale coordonnée
à	préposition		introduit le complément
la	déterminatif article défini		détermine le nom « fin »
fin	nom commun	groupe prépositionnel complément circonstanciel de temps	circonstant complément de temps
du (de+le)	préposition		introduit le complétant (complément) du nom « fin »
(le)	déterminatif article défini		détermine le nom « quadrimestre »
quadrimestre	nom commun		complétant (complément) du nom « fin »
beaucoup de	adverbe		modifiant le nom « activités »
activités	nom commun	Groupe nominal sujet → « étudiants »	sujet du prédicat « sont organisées »
qui	pronom relatif	proposition subordonnée relative déterminative dont l'antécédent est « activités »	(a) introduit la proposition subordonnée relative, (b) sujet du prédicat de cette relative « surchargent »
surchargent	verbe 3ᵉ personne du pluriel indicatif présent		prédicat de la proposition subordonnée relative
les	déterminatif article défini		détermine nom « étudiants »
étudiants.	nom commun		objet direct du prédicat « surchargent »

Défense et illustration de la syntaxe

10. « Les vacances approchant, Chloé, encouragée par ses parents, a décidé de voyager en Italie, projet dont elle rêve depuis si longtemps. »

	nature	groupe	fonction
Les	déterminatif article défini	proposition participe présent (avec sujet propre)	détermine le nom « vacances »
vacances	nom commun		sujet du verbe « approchant »
approchant	verbe au participe présent		base de la proposition participe
Chloé	nom propre		sujet de la proposition principale
encouragée	verbe au participe passé	proposition participe passé (sujet identique à celui du prédicat)	base de la proposition participe
par	préposition		introduit le complément d'agent
ses	déterminatif possessif		détermine le nom « parents »
parents	nom commun		complément d'agent
a décidé	verbe 3ᵉ personne du singulier indicatif passé composé		prédicat de la proposition principale
de	préposition	proposition infinitive complément d'objet direct (sujet identique à celui du prédicat)	introduit le complément infinitif
voyager	verbe infinitif		base de la proposition infinitive objet direct
en	préposition		introduit le circonstant complément de lieu
Italie	nom propre		circonstant complément de lieu
projet	nom commun		apposition de « voyager en Italie »

	nature	groupe	fonction
dont	pronom relatif	proposition subordonnée relative déterminative dont l'antécédent est « projet »	(a) introduit la proposition subordonnée relative, (b) objet indirect du prédicat de cette relative « rêve »
elle	pronom personnel anaphorique qui renvoie à « Chloé » cité plus haut		sujet de la proposition relative
rêve	verbe 3ᵉ personne du singulier indicatif présent		prédicat de la proposition relative
depuis	préposition		introduit le circonstant complément de temps
si	adverbe		modifie l'adverbe « longtemps »
longtemps.	adverbe		circonstant de temps

Repères bibliographiques

CHOMSKY N., *Structures syntaxiques*, Paris, Seuil, 1969.

DA SILVA Ch., *Le Grevisse de l'orthophoniste*, Louvain-la-Neuve, Deboeck supérieur, 2018.

DUBOIS J., LAGANE R., *La nouvelle grammaire du français*, Paris, Larousse, 1991.

GARDES TAMINE J., *La grammaire. 2. Syntaxe* (5e édition), Paris, Armand Colin, 2010.

GREVISSE M., GOOSE A., *Le Bon Usage* (14e édition), Bruxelles, De Boeck Université et Larcier, 2008.

MAINGUENEAU D., *Précis de grammaire pour les concours* (4e édition), Paris, Armand Colin, 2010.

RIEGEL M., PELLAT J.-C., RIOUL R., *Grammaire méthodique du français* (4e édition), Paris, PUF, 2009.

SIOUFFI G., VAN RAEMDONCK D., *100 fiches pour comprendre les notions de grammaire* (2e édition), Rosny-sous-Bois, Breal, 2014.

TESNIÈRE L., *Éléments de syntaxe structurale*, Paris, Klincksieck, 1959.

TOMASSONE R., *Pour enseigner la grammaire*, Paris, Delagrave, 1998.

WARNANT L., *Structure syntaxique du français (Essai de cinéto-syntaxe)*, Paris, Société d'édition « Les Belles Lettres », 1982.

WILMET M., *Grammaire critique du français* (3e édition), Louvain-la-Neuve, Duculot, 2007.

Table des matières

CHAPITRE UN
Introduction 5
1.1. L'âge d'or de l'analyse syntaxique 5
1.2. Les causes et les effets
du déclin 7
1.3. Les enjeux de l'analyse syntaxique 9

CHAPITRE DEUX
Les grammaires 11
2.1. Compétences linguistiques et connaissances
métalinguistiques 11
2.2. Usages, règles, système 14
2.3. Grammaires, normes, manuels 16
2.4. Composition et composantes des grammaires 19

CHAPITRE TROIS
Les principes 23
3.1. Les deux fondements du langage 23

3.1.1. La discrétion 23
3.1.2. La linéarité 24

3.2. Les deux dimensions de la syntaxe 25
3.2.1. La dimension apparente : la succession 25
3.2.2. La dimension cachée : l'organisation 30

CHAPITRE QUATRE

Les unités 33

4.1. Le mot 33

4.2. Le syntagme 35

4.3. La proposition 36

4.4. La phrase 38
4.4.1. Types de phrases 39
4.4.2. Formes de phrases 41
4.4.3. Complexité de la phrase 43

CHAPITRE CINQ

Les natures 47

5.1. Nature et fonction 47

5.2. L'identification de la nature des mots 49
5.2.1. Les critères 49
5.2.2. Les natures multiples et
       les transferts de nature 56

5.3. Les différentes natures 59
5.3.1. Nom 60
5.3.2. Verbe 62
5.3.3. Déterminatif 69
5.3.4. Adjectif 70
5.3.5. Pronom 71
5.3.6. Adverbe 72
5.3.7. Préposition 73
5.3.8. Conjonction 74
5.3.9. Introducteur 75
5.3.10. Interjection 75

CHAPITRE SIX

Les fonctions — 77

6.1. L'identification de la fonction des mots 77
6.1.1. Les critères 77
6.1.2. Les fonctions problématiques 82

6.2. Les différentes fonctions 83
6.2.1. Prédicat 84
6.2.2. Sujet 92
6.2.3. Objet 94
6.2.4. Circonstant 96
6.2.5. Modalisant 99
6.2.6. Adjuvant 101
6.2.7. Complétant 106
6.2.8. Modifiant 108
6.2.9. Déterminant 108
6.2.10. Substitut 109
6.2.11. Lien 110
6.2.12. Autres fonctions 111

CHAPITRE SEPT

La phrase simple — 113

7.1. Les représentations de la phrase 114

7.2. Réduction de la phrase : les structures de base ... 119
7.2.1. Sujet + verbe 121
7.2.2. Sujet + verbe copule + attribut 121
7.2.3. Sujet + verbe transitif direct + objet direct 122
7.2.4. Sujet + verbe transitif indirect + préposition + objet indirect 123
7.2.5. Sujet + verbe intransitif (+ préposition) + circonstant 123
7.2.6. Sujet + verbe transitif double + objet direct + préposition + objet indirect ... 124

7.3. Développement de la phrase 125
7.3.1. L'extension 125
7.3.2. L'expansion 126
7.3.3. La transformation des phrases simples 128

CHAPITRE HUIT9
La phrase complexe   **129**

    8.1. Les subordonnées comme expansions 130

    8.2. Les types de subordonnées 131
            8.2.1. Les complétives 131
            8.2.2. Les circonstancielles 134
            8.2.3. Les relatives 136

    8.3. Les propositions infinitives et participiales 138

Postscriptum   **141**
Excercices récapitulatifs   **143**
Corrigés   **147**
Repères bibliographiques   **171**

Dans la collection
« Proximités – Didactique »

- Aura luz Duffé Montalván, Griselda Drouet, David ar Rouz, *L'apprenant dans l'enseignement et dans l'apprentissage des langues.* 2023.
- Claude Germain, *Didactologie et didactique des langues. Deux disciplines distinctes.* 2022.
- Stéphanie Clerc Conan, Claude Richerme-Manchet, *Didactique du français : pour une approche contextualisée et explicite de la langue à l'école.* 2016.
- Jean-Marc Defays (dir.), *Pratiques. 20 ans de FLES (Volume 3) Faits et gestes de la didactique du Français Langue Etrangère et Seconde de 1995 à 2015.* 2015.
- Jean-Marc Defays (dir.), *Contextualisations. 20 ans de FLES (Volume 2) Faits et gestes de la didactique du Français Langue Etrangère et Seconde de 1995 à 2015.* 2015.
- Jean-Marc Defays (dir.), *Transversalités. 20 ans de FLES (Volume 1) Faits et gestes de la didactique du Français Langue Etrangère et Seconde de 1995 à 2015.* 2015.
- François Schmitt, *Cultures française et slovaque. Analyses comparatives de représentations sociales.* 2015.
- Cecilia Condei, *(Re)configurations discursives. Articulations textuelles.* 2015.
- Cynthia Eid et Fady Fadel (dir.), *Les interculturalités. État des lieux et perspectives, théories et pratiques.* 2014.
- Maribel González Rey, *Outils et méthodes d'apprentissage en phraséodidactique.* 2014.
- Jean-Jacques Richer, *La didactique des langues interrogée par les compétences.* 2012.

...